Kauderwelsch

Band 16

Der
Reise Know-How Verlag Peter Rump GmbH
ist Mitglied der Verlagsgruppe

REISE KNOW-HOW

Kauderwelsch

Spanisch Wort für Wort

O'Niel V. Som

Kauderwelsch Band 16
Spanisch - Wort für Wort
von O'Niel V. Som

Reise Know-How Verlag Peter Rump GmbH
Hauptstraße 198
D-33647 Bielefeld (Brackwede)

8. Auflage 1997
ISBN 3-89416-034-9 (DM 14,80)

Bearbeitung & Gestaltung: Peter Rump

Fotos: Wolfram Schwieder

Druck & Bindung: Fuldaer Verlagsanstalt GmbH, Fulda

Dieses Buch ist in jeder Buchhandlung der BRD, Österreichs, der Niederlande und der Schweiz erhältlich. Bitte informieren Sie Ihren Buchhändler über folgende Bezugsadressen:
BRD: Prolit GmbH, Postfach 9, D-35461 Fernwald (Annerod) und die Barsortimente
Schweiz: AVA-buch 2000, Postfach 27, CH-8910 Affoltern
Österreich: Mohr Morawa GmbH, Sulzengasse 2, A-1060 Wien
Benelux: Assimil Benelux, 5-7 Rue des Pierres, B-1000 Bruxelles

Wer im Buchhandel kein Glück hat, bekommt unsere Bücher gegen Voreinsendung des Kaufpreises plus 4.50 DM für Porto und Verpackung (Scheck im Brief) bei:
Rump-Direktversand, Heidekampstr. 18, D-49809 Lingen (Ems)

Zu diesem Buch ist eine **Tonband-Kassette** erschienen. Näheres dazu steht auf Seite 11.

Der Verlag will die Kauderwelsch-Reihe ausbauen und **sucht Autoren** für:
Balinesisch, Hawaiianisch, Hessisch, Singhalesisch

Inhalt

Kauderwelsch-Sprechführer sind anders!

Warum? Weil sie Sie in die Lage versetzen, wirklich zu sprechen und die Leute zu verstehen.

Wie wird das gemacht? Abgesehen von dem, was jedes Sprachbuch bietet, nämlich Vokabeln, Beispielsätze etc., zeichnen sich die Bände der Kauderwelsch-Reihe durch folgende Besonderheiten aus:

Die **Grammatik** wird in einfacher Sprache so weit erklärt, daß es möglich wird, ohne viel Paukerei mit dem Sprechen zu beginnen, wenn auch nicht gerade druckreif.

Alle Beispielsätze werden doppelt ins Deutsche übertragen: zum einen **Wort-für-Wort,** zum anderen in "ordentliches" Hochdeutsch. So wird das fremde Sprachsystem sehr gut durchschaubar. Denn in einer fremden Sprache unterscheiden sich z. B. Satzbau und Ausdrucksweise recht stark vom Deutschen. Ohne diese Übersetzungsart ist es so gut wie unmöglich, schnell einzelne Wörter in einem Satz auszutauschen.

Die **Autorinnen** und **Autoren** der Reihe sind Globetrotter, die die Sprache im Land selbst gelernt haben. Sie wissen daher genau, wie und was die einfachen Leute auf der Straße sprechen. Deren Ausdrucksweise ist nämlich häufig viel einfacher und direkter als z. B. die Sprache der Literatur.

Besonders wichtig sind im Reiseland die **Körpersprache, Gesten, Zeichen und Verhaltensregeln,** ohne die auch Sprachkundige kaum mit Menschen in guten Kontakt kommen. In allen Bänden der Reihe wird darum besonders auf diese Art der nonverbalen Kommunikation eingegangen.

Kauderwelsch-Sprachführer sind keine Lehrbücher, aber viel mehr als Sprachführer! Wenn Sie ein wenig Zeit investieren und einige Vokabeln lernen, werden Sie mit ihrer Hilfe in kürzester Zeit Informationen bekommen und Erfahrungen machen, die "taubstummen" Reisenden verborgen bleiben.

Vorwort

Sie wollen also nach Spanien fahren. Und ich will ihnen ein kleines Buch über die Sprache mitgeben, das Ihnen auf der Reise nützlich sein soll. Wenn Sie vorhaben, in einem First-Class-Hotel mit deutscher Bedienung zu wohnen, im Restaurant mit deutscher Küche zu essen und Stadtrundfahrten mit deutscher Reiseleitung zu machen, dann brauchen Sie natürlich kein Spanisch zu lernen.

Aber sehr viel interessanter ist es, auf eigene Faust zu versuchen, das Land zu erkunden und mit den Bewohnern in Kontakt zu kommen. Denn nur so kann man die echte spanische Lebensart kennenlernen. Dieses Buch ist in drei Abschnitte gegliedert.

Grammatik - Redewendungen - Wörterbuch.

Sie können mit den Redewendungen oder mit der Grammatik anfangen, ganz wie Sie wollen. Nebenbei finden Sie eine Menge Hinweise und viele nützliche Tips.

Und nun wünsche ich Ihnen **buen viaje** (gute Reise).

O'Neil

Die Sprachen Spaniens

Bevor Sie anfangen zu lernen, sollten Sie wissen, was Spanisch eigentlich ist. In Spanien werden folgende Sprachen gesprochen:

Baskisch (Euskara)
Diese Sprache ist den anderen drei weder ähnlich noch verwandt. Sie stammt wahrscheinlich noch aus der Zeit, bevor die Römer nach Spanien kamen.

Galicisch (Galego)
Galicisch ist dem Portugiesischen sehr ähnlich und wird in Galicien, das an Portugal grenzt, gesprochen. 1975 wurden die Regeln dieser Sprache zuerst in einem Schulbuch normiert aber schon 1980 in einer zweiten Auflage verändert und verbessert. Ein Kauderwelsch-Band Galicisch ist 1996 erschienen.

Katalanisch (Català)
Das wird in Katalunien, Andorra, Südfrankreich und auf den Balearischen Inseln gesprochen. Das Katalanische hat eine sehr lange literarische Tradition, die bis ins frühe Mittelalter zurückreicht. Kauderwelsch Band 72 befaßt sich mit Katalanisch.

Kastilisch (Castellano)
Ursprünglich im Hochland von Kastilien (besonders in der Gegend um Madrid) gesprochen ist dies jetzt die offizielle erste Staatssprache Spaniens. In allen Gegenden Spaniens (also auch Galicien, Katalunien, Baskenland und Balearen) kann man sich in Castellano verständigen. Darüber hinaus spricht man Castellano in etwa 20 Ländern Amerikas von Californien bis Argentinien (siehe auch Seite 110).

Aussprache / Betonung

Spanier sprechen normalerweise sehr schnell, aber die Aussprache ist trotzdem recht einfach. In der folgenden Liste führe ich nur die Laute auf, die anders als im Deutschen ausgesprochen werden.

Die Vokale **a, e, i, o, u** werden immer deutlich einzeln gesprochen, auch wenn mehrere hintereinander stehen. Beispiele:

ie	i-e	**miel**	mi-el	Honig
ue	u-e	**puente**	pu-ente	Brücke
ei	e-i	**veinte**	we-inte	zwanzig

Bei den restlichen Buchstaben ist zu beachten:

ch	*tsch*	**mucho**	*mutscho*	viel
h	*(stumm)*	**helado**	*elado*	Eis
j	*ch*	**jugo**	*chugo*	Saft
ll	*j*	**pollo**	*pojo*	Hähnchen
ñ	*nj*	**baño**	*banjo*	Badezimmer
qu	*k*	**que**	*ke*	daß, das
s	*ss*	**museo**	*musse-o*	Museum
v	*w*	**vino**	*wino*	Wein
y	*j*	**yo**	*jo*	ich
z	*ß*	**zapato**	*ßapato*	Schuh

Bei **g, gu** und **c** hängt die Aussprache von dem folgenden Buchstaben ab. Stehen sie vor den hellen Vokalen **e** und **i,** gilt:

ce, ci	*ße, ßi*	**cine**	*ßine*	Kino
ge, gi	*che, chi*	**gente**	*chente*	Leute
gue, gui	*ge, gi*	**guerra**	*gerra*	Krieg

Vor den dunklen Vokalen **a, o, u** oder vor einem **Konsonanten:**

c	*k*	**como**	*komo*	wie
g	*g*	**gato**	*gato*	Katze
u	*gu*	**gusto**	*gusto*	Gefallen

Am **Wortende** ist noch zu beachten:

-d		**verdad**	*werda*	Wahrheit
-e	*ee*	**este**	*estee*	dieser
-y	*i*	**doy**	*doi*	ich gebe

Dies ist die grundsätzliche Aussprachemöglichkeit. Es gibt jedoch starke regionale Unterschiede, die man zwar kennen, aber nicht unbedingt auch nachmachen muß. Einige Beispiele dafür:

- **ll** kann wie "lj" gesprochen werden.
- **b** und **v** klingen oft gleich.
- **s, z** am Wort- und Silbenende können wie ein "h" gehaucht, gezischt ("sh") oder ganz verschluckt werden.
- **ce, ci, z** werden oft gelispelt wie das "th" im Englischen.

Betonung

- Die meisten Worte enden auf **Vokal, n** oder **s.** Sie werden auf der vorletzten Silbe betont.

camisa	(Hemd)	*ka-mi-sa*
estanco	(Laden)	*es-tan-ko*

- Die übrigen Wörter werden auf der letzten Silbe betont.

mujer	(Frau)	*mu-cher*
ciudad	(Stadt)	*ßiu-dad*

● Wenn ein Akzent auf einer Silbe steht, wird diese natürlich betont. Akzente stehen auch zur Unterscheidung von gleichlautenden Wörtern und auf Fragewörtern.

cómo	(wie)	*ko-mo*
avión	(Flugzeug)	*a-wi-<u>on</u>*

Kauderwelsch-Kassette

Falls Sie sich die Sätze, die in diesem Buch vorkommen, einmal von einer Spanierin gesprochen anhören möchten, dann können Sie sich die **Kauderwelsch-Begleitkassette** zu diesem Buch besorgen. Jeder Buchhändler kann sie beziehen. Sie bekommen sie aber auch beim Peter-Rump-Direktversand. Die Adresse steht vorne im Impressum. Kostenpunkt: DM 14.80 plus DM 4.50 für Porto und Verpackung.

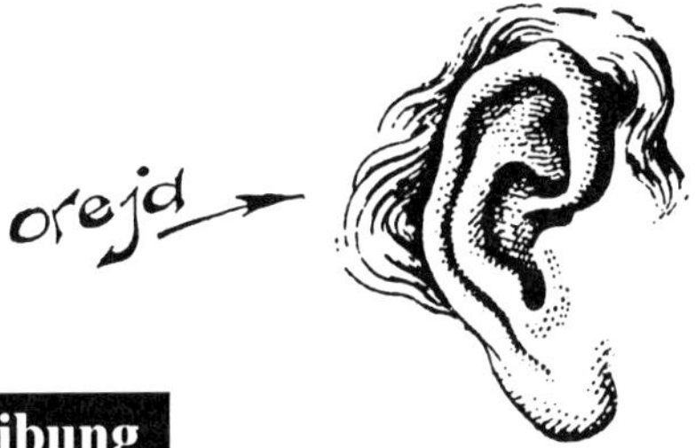

Rechtschreibung

Das erste Wort im Satz und Eigennamen werden groß geschrieben, sonst alles klein. Frage- und Ausrufezeichen stehen zusätzlich am Satzanfang und zwar auf dem Kopf. Jedem Schriftzeichen entspricht genau ein Laut. Wenn man sich erst einmal an deren Aussprache gewöhnt hat, kann man alle Wörter korrekt wiedergeben.

Vier Wörter, die weiterhelfen

Mit den folgenden Ausdrücken kann man schon das Wichtigste in Spanien sagen:

¿Tiene? — Haben Sie?

¿Tiene sellos?	Haben Sie Briefmarken?
¿Tiene postales?	Haben Sie Postkarten?
¿Tiene patatas fritas?	Haben Sie Pommes?

Als Antwort bekommt man: **sí** (ja) oder **no** (nein)

Quiero — Ich möchte

Quiero un café.	Ich möchte einen Kaffee.
Quiero una Coca.	Ich möchte eine Cola.
Quiero jugo.	Ich möchte Saft.

Zur Verneinung setzt man einfach **no** davor:
No quiero jugo. (Ich möchte keinen Saft.)
Wichtig: **Te quiero** heißt "Ich liebe Dich!"

¿Dónde está? — Wo ist?

¿Dónde está el lavabo?	Wo ist die Toilette?
¿Dónde está la estación?	Wo ist der Bahnhof?
¿Dónde está el ascensor?	Wo ist der Aufzug?

Die häufigsten Richtungsangaben sind: **todo recto** (geradeaus), **a la derecha** (rechts), **a la izquierda** (links). Man achte aber auch genau auf die Handbewegungen und Gesten.

¿Cuánto cuesta? — Wieviel kostet?

¿Cuánto cuesta un billete?	Was kostet ein Ticket?
¿Cuánto cuesta el libro?	Was kostet das Buch?
¿Cuánto cuesta esto?	Was kostet das?

Die Zahlen stehen auf Seite 46 und jeweils hinter der Seitenzahl.

Hier fängt die Grammatik an

Nach diesen ersten Seiten kann man schon einfache Fragen stellen. Um aber richtige Sätze bilden zu können, sind drei Dinge wichtig:

● Die Wortwahl

Dazu habe ich am Buchende einen Grundwortschatz von etwa **1000 Wörtern** zusammengestellt. Diese sollten für die normale alltägliche Unterhaltung ausreichen. (Zusätzlich können Sie natürlich noch ein Wörterbuch mitnehmen.)

● Die Form

Die meisten Wörter haben je nach Bedeutung verschiedene Endungen, z.B. für Einzahl und Mehrzahl. Ich habe jedoch nicht alle diese Formen aufgeführt, da das für Anfänger zu verwirrend wäre. So habe ich z.B. bei den Verben nur eine von den sieben Zeiten (Präsens, Imperfekt, Indefinido, Futur, Konditional, Perfekt und Plusquamperfekt) ausführlich erklärt. Unterwegs kommt es schließlich nicht auf hoch-literarisch richtige Ausdrucksweise an, sondern lediglich darauf, sich mit möglichst wenig Mühe verständlich zu machen. Dieses Prinzip liegt allen Kauderwelsch-Bänden zugrunde.

● Die richtige Reihenfolge

Die spanische Wortfolge unterscheidet sich in einigen wesentlichen Punkten von der deutschen. Damit das nachvollziehbar wird, gebe ich hier ein paar einfache Regeln und Satzbaumuster an. Außerdem hilft die **Wort-für-Wort-Übersetzung,** die unter den meisten Sätzen in etwas kleinerer Schrift steht.

die Hauptwörter (Substantive)

Geschlecht

Es gibt nur "männliche" und "weibliche" Hauptwörter. Bei Personen gilt das natürliche Geschlecht, und sonst kann man es meist an der Wortendung erkennen. Ich verwende folgende internationalen Abkürzungen:

m	=	masculinum	(männlich)
f	=	femininum	(weiblich)
pl	=	pluralis	(Mehrzahl)

Artikel

Wie bei uns gibt es Artikel, bestimmte und unbestimmte. Natürlich nur für die zwei Geschlechter: männlich und weiblich. Allerdings unterscheiden die Spanier die Geschlechter auch in der Mehrzahl. Die Artikel stehen vor den Hauptwörtern.

Bestimmte Artikel

	männlich		weiblich	
Einzahl	**el**	der	**la**	die
Mehrzahl	**los**	die	**las**	die

Unbestimmte Artikel

	männlich		weiblich	
Einzahl	**un**	ein	**una**	eine
Mehrzahl	**unos**	einige	**unas**	einige

männliche Hauptwörter

Sie enden meist auf **-o, -r, -l, -n** und Wörter griechischen Ursprungs (z.B. **problema**) auf **-ma.**

el libro	das Buch	**un libro**	ein Buch
los libros	die Bücher	**unos libros**	einige Bücher

weibliche Hauptwörter

Sie enden auf **-a, -d, -z** oder **-ión.**

la chica	das Mädchen	**una chica**	ein Mädchen
las chicas	die Mädchen	**unas chicas**	einige Mädchen

Hautpwörter auf -e

können männlich oder weiblich sein:

la leche, w	die Milch	**el cine**, m	das Kino

wichtige Ausnahmen

la mano, w	die Hand	**el avión**, m	das Flugzeug
el día, m	der Tag	**el camión**, m	der Lastwagen
		la flor, w	die Blume

Mehrzahl

Endet das Wort auf einen Vokal **(a, e, i, o, u),** dann wird "**-s**" angehängt, sonst "**-es**".

libro	(Buch)	**ciudad**	(Stadt)
libros	(Bücher)	**ciudades**	(Städte)

die Eigenschaftswörter (Adjektive)

Eigenschaftswörter richten sich in Geschlecht und Zahl nach dem Hauptwort, auf das sie sich beziehen. Es gibt zwei Gruppen:

Adjektive auf -o

bilden eine weibliche Form auf **-a** und die Mehrzahlendungen lauten entsprechend **-os/-as.**

el libro pequeño das Buch klein das kleine Buch	**los libros pequeños** die Bücher kleine die kleinen Bücher
la camisa pequeña die Hemd klein das kleine Hemd	**las camisas pequeñas** die Hemden kleine die kleinen Hemden

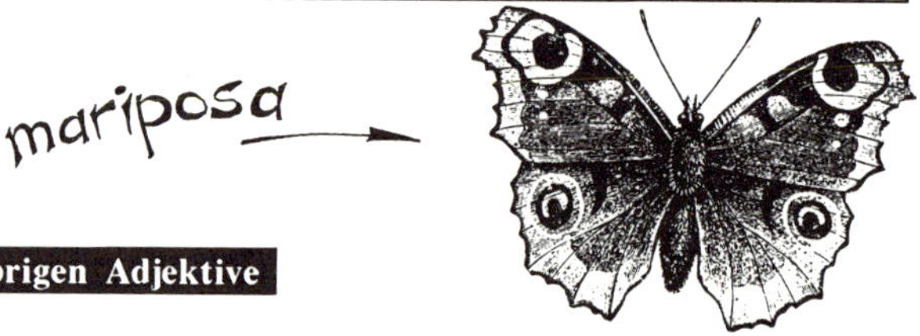

die übrigen Adjektive

sind neutral. Sie bilden nur eine Mehrzahlform auf **-es.**

el libro azul das Buch blau das blaue Buch	**los libros azules** die Bücher blaue die blauen Bücher
la camisa azul das Hemd blau das blaue Hemd	**las camisas azules** die Hemden blaue die blauen Hemden

Wie man oben gesehen hat, stehen Adjektive **nach** dem Hauptwort, also genau andersherum als im Deutschen. Manche können aber auch davor stehen und haben dann eine etwas verkürzte Form:

grande / un gran cantante	groß / ein großer Sänger
primero / el primer piso	erste / erste Etage
ninguno / ningún chico	kein / kein Junge
alguno / algún coche	irgendein / irgendein Wagen
bueno / hace buen tiempo	gut / das Wetter ist gut
malo / hace mal tiempo	schlecht / das Wetter ist schlecht

Steigern und Vergleichen

Dazu braucht man nur das Wort **más** (mehr) und um zu übertreiben die Endung **-ísimo.** In der Mehrzahl immer ein **-s** anhängen!

männlich:

caro	teuer	**el más caro**	der teuerste
más caro	teurer	**carísimo**	extrem teuer

weiblich:

cara	teuer	**la más cara**	die teuerste
más cara	teurer	**carísima**	extrem teuer

más (mehr)

Mann kann damit Eigenschaftswörter steigern und Vergleichssätze bilden.

Vergleich

Manolo es más timido que Rolando.
Manolo ist mehr schüchtern als Rolando
Manolo ist schüchterner als Rolando.

Steigerung

Cecilia es la más hermosa de todos.
Cecilia ist die mehr schön von allen
Cecilia ist die schönste von allen.

muy (sehr)

Es steht zur Verstärkung bei Eigenschaftswörtern. Eine ähnliche Funktion hat die Endung **-ísimo/-a.**

Carmen es muy bella.
Carmen ist sehr schön

Josefa es bellísima.
Josefa ist äußerst schön

mucho (viel)

Hiermit kann man Verben, die Gefühle ausdrücken, betonen, und bei Hauptwörtern eine Menge angeben.

Verb:

La ensalada me gusta mucho.
die Salat mir gefällt sehr
Der Salat schmeckt mir gut.

Mengenangabe:

Tengo muchos amigos.
habe viele Freunde
Ich habe viele Freunde.

mucha gente
viel Volk
viele Leute

Die Verben in der Gegenwart

Die Grundform der spanischen Verben endet auf:

-ar:	**hablar**	(sprechen)
-er:	**comer**	(essen)
-ir:	**vivir**	(leben)

Diese Grundform wird vor allem nach Hilfsverben gebraucht. Manchmal wird noch das Wörtchen **se** (sich) angehängt.

Personalendungen

Die Gegenwartsformen aller regelmäßigen Verben werden durch Anhängen einer bestimmten Endung an den Stamm gebildet. Dabei gibt es kleine Unterschiede je nach Endung der Grundform. Persönliche Fürwörter sind nicht notwendig.

hablar (-ar)			
hablo	ich spreche	**hablamos**	wir sprechen
hablas	du sprichst	**habláis**	ihr sprecht
habla	er, sie spricht	**hablan**	sie sprechen

comer (-er)			
como	ich esse	**comemos**	wir essen
comes	du ißt	**coméis**	ihr eßt
come	er, sie ißt	**comen**	sie essen

vivir (-ir)			
vivo	ich lebe	**vivimos**	wir leben
vives	du lebst	**vivís**	ihr lebt
vive	er, sie lebt	**viven**	sie leben

Klassenverben

Bei einigen Verben mit regelmäßigen Endungen verändert sich der Stamm. Davon betroffen sind nur die "stammbetonten" Formen der Gegenwart, d.h. die erste bis dritte Person Einzahl und die dritte Person Mehrzahl, weil dort nur eine Silbe angehängt wird und die Betonung daher auf dem Wortstamm liegt.

"**e**" des Stammes wird zu "**ie**"
"**o**" des Stammes wird zu "**ue**".

e → ie **o → ue**

empezar	anfangen	**dormir**	schlafen
empiezo **empiezas** **empieza**	**empezamos** **empezáis** **empiezan**	**duermo** **duermes** **duerme**	**dormimos** **dormís** **duermen**

Weitere Verben dieser beiden Gruppen:

e → ie		o → ue	
pensar	denken	**encontrar**	finden
entender	verstehen	**volver**	zurückkommen
perder	verlieren	**almorzar**	Mittag essen
sentir	fühlen,bedauern	**probar**	beweisen
cerrar	schließen	**poder**	können,dürfen
preferir	vorziehen	**contar**	(er-)zählen
querer	wollen, lieben	**morir**	sterben
sentarse	sich setzen	**soñar**	träumen
despertarse	aufwachen	**costar**	kosten

unregelmäßige Verben

Besonders häufig gebrauchte Verben schleifen sich mit der Zeit ab und machen Veränderungen durch, die nicht den üblichen Regeln entsprechen. Sie sollten sich die Gegenwartsformen der folgenden Wörter gut einprägen.

	ir gehen	**tener** haben	**venir** kommen	**decir** sagen	**dar** geben
ich	**voy**	**tengo**	**vengo**	**digo**	**doy**
du	**vas**	**tienes**	**vienes**	**dices**	**das**
er/sie	**va**	**tiene**	**viene**	**dice**	**da**
wir	**vamos**	**tenemos**	**venimos**	**decimos**	**damos**
ihr	**vais**	**tenéis**	**venís**	**decís**	**dais**
sie	**van**	**tienen**	**vienen**	**dicen**	**dan**

Folgende Verben sind nur in der ich-Form unregelmäßig, alle anderen Personen sind regelmäßig.

caer	**caigo**	(ich falle)
hacer	**hago**	(ich mache)
oir	**oigo**	(ich höre)
poner	**pongo**	(ich stelle)
saber	**sé**	(ich weiß)
salir	**salgo**	(ich gehe weg)
traer	**traigo**	(ich bringe)
ver	**veo**	(ich sehe)
conocer	**conozco**	(ich kenne)

conducir ist Beispiel für alle Verben auf **-cer/-cir:**

conducir	**conduzco**	(ich führe)

Es gibt im Spanischen zum Glück nur insgesamt 20 unregelmäßige Verben, von denen einige aber so selten gebraucht werden, daß ich sie hier nicht extra aufgeführt habe. Eine komplette Liste findet man in jedem guten Wörterbuch.

Aufforderungen

Die häufigsten Aufforderungen werden leider von den unregelmäßigen Verben abgeleitet. Daher gebe ich nur die einfachste (die höflichste) Form, nämlich in der Sie-Anrede, an. Spricht man mehrere Leute an, wird wie üblich einfach ein **-n** angehängt. Zur Verneinung setzt man **no** davor. An einige dieser Wörter kann man **-me** anfügen, was mir oder mich bedeutet.

venga	Kommen Sie!
tenga	Hier haben Sie!
diga (-me)	Sagen Sie (mir)!
haga (-me)	Machen Sie (mir)!
oiga	Hören Sie!
ponga	Stellen -/Legen -/Setzen Sie!
traiga (-me)	Bringen Sie (mir)!
sea	Seien Sie!
tome	Nehmen Sie!
disculpe (-me)	Entschuldigen Sie (mich)!
perdone (-me)	Vergeben Sie (mir)!

Die letzten drei Formen sind regelmäßig von **tomar, disculpar** und **perdonar** gebildet. Die Regel lautet:

Grundform	**-ar**	Aufforderung	**-e**
	-er		**-a**
	-ir		**-a**

Noch einmal:

¡Venga!	:	Kommen Sie! (Ez)
¡Vengan!	:	Kommen Sie! (pl)
¡No venga!	:	Kommen Sie nicht! (Ez)
¡No vengan!	:	Kommen Sie nicht! (pl)

Die Anwendung der Formen

Wie wendet man diese vielen Verbformen nun an?

Einzahl - Mehrzahl

Genau wie bei den Hauptwörtern gibt es einen Unterschied für **eine** Person oder Sache im Gegensatz zu **mehreren.** Die Bildung der Form ist sehr einfach.

Verbstamm	- eine Person	**llega**	- er/sie kommt
Stamm + n	- mehrere Personen	**llegan**	- sie kommen

Anrede

Man unterscheidet eine familiäre und eine höfliche Anredeform. Junge Leute duzen sich eigentlich fast immer. In Geschäften und Ämtern, aber auch älteren Personen gegenüber verwendet man besser das entsprechende "höfliche Sie".

Für die höfliche Anrede können Sie glücklicherweise die gerade gelernten Formen verwenden, aber für die Duzform braucht man eine neue Regel.

Verbstamm	- Sie (eine Person)	**viene**	- Sie kommen
Stamm + n	- Sie (mehrere), ihr	**vienen**	- Sie kommen, ihr kommt
Stamm + s	- du	**vienes**	- du kommst

Mit dieser einfachen Regel kann man die Anredeformen aller Sätze in diesem Buch selbst verändern.

über sich selbst

Reden Sie über sich selber, oder über eine Gruppe, die zu Ihnen gehört, dann können Sie bei allen regelmäßigen Verben so vorgehen (dabei ist zu beachten, daß das **o** der ich-Form den letzten Vokal des Verbs unterdrückt, also **vivo** und nicht **vivio**!):

Verbstamm + **o**	- ich	**vivo**	- ich lebe
Stamm + **mos**	- wir	**vivimos**	- wir leben

das Hilfsverb "sein"

Es gibt zwei Verben für das deutsche "sein".

estar

estoy	ich bin	**estamos**	wir sind
estás	du bist	**estáis**	ihr seid
está	er/sie ist	**están**	sie sind

Es wird gebraucht für

- bestimmte Ortsangaben

El cine Asturias está en la calle de Alfonso.
der Kino A. ist in die Straße von Alfonso
Das Kino A. ist in der Alfonsostraße.

- körperliches Befinden, Krankheit, Stimmung

Maria está bien, pero Jorge tiene la tos.
Maria ist gut aber Jorge hat die Husten
Maria geht es gut, aber Jorge hat Husten.

- vorübergehende Zustände

Estamos muy cansados.
(wir)sind sehr müde
Wir sind sehr müde.

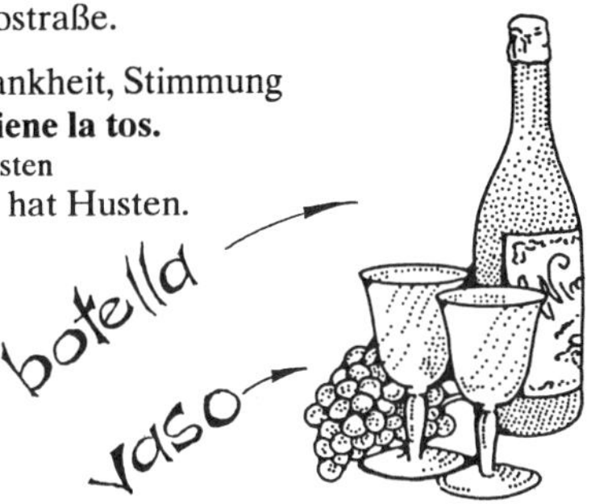

ser

soy	ich bin	**somos**	wir sind
eres	du bist	**sois**	ihr seid
es	er/sie ist	**son**	sie sind

Man verwendet es bei

- Beruf, Religion, Nationalität

Soy estudiante, Carlos es empleado.
(ich)bin Student Carlos ist Angestellter
Ich bin Student, Carlos ist Angestellter.

● Identifikation und Herkunft

Yo soy Vera Velázquez.
ich bin Vera Velázquez
Ich bin Vera Velázquez.

Soy de Murcia.
bin von Murcia
Ich bin aus Murcia.

Este es mi perro/coche/amigo.
dies ist mein Hund/Wagen/Freund
Dies ist mein Hund/Wagen/Freund.

● Charaktereigenschaften (auch Farben etc.)

Isabel es muy simpática.
Isabel ist sehr sympathisch

Pepe es divertido.
Pepe ist lustig

La casa es blanca y pequeña.
die Haus ist weiß und klein
Das Haus ist weiß und klein.

weitere Hilfsverben

hay (es gibt)

wird bei Ortsangaben und zählbaren Dingen verwendet:

Ort + hay + Zahlwort + Ding.

En la calle hay una farmacia.
in der Straße gibt's eine Apotheke
In der Straße gibt es eine Apotheke. oder

Hay una farmacia en la calle.
gibt's eine Apotheke in der Straße
In der Straße gibt es eine Apotheke.

Beides ist richtig.

Vergleiche die Anwendung von **está** mit bestimmtem Artikel:

Ort + está + Artikel + Ding.

En la calle está la parada.
in die Straße ist die Haltestelle
In der Straße ist die Haltestelle. oder

La parada está en la calle.
die Haltestelle ist in die Straße
Die Haltestelle ist in der Straße.

Beides ist richtig.

Hinter den folgenden Hilfsverben wird die Grundform des Verbs gebraucht. Das ist recht praktisch, wenn man nämlich die genaue Verbform vergessen hat, kann man einfach die Umschreibung mit einem passenden Hilfsverb wählen.

hay que (man muß)

Hiermit bildet man unpersönliche Ausdrücke.

Hay que tomar la primera a la izquierda.
man muß nehmen die erste zu die linken
Man muß die erste Straße links nehmen.

tener que (müssen)

Dieses "müssen" ist persönlich. Wörtlich bedeutet **tener que** "haben daß".

tengo		ich muß	
tienes		du mußt	
tiene	**que bajar.**	er/sie muß	aussteigen
tenemos		wir müssen	
tenéis		ihr müßt	
tienen		sie müssen	

poder (dürfen, können)

Bezeichnet eine Erlaubnis (dürfen) oder ein Können im Sinne von: "Ich kann ..., weil ich nicht daran gehindert werde."

puedo		ich darf	
puedes		du darfst	
puede	**fumar aquí.**	er/sie darf	hier rauchen
podemos		wir dürfen	
podéis		ihr dürft	
pueden		sie dürfen	

saber (wissen, können)

Die Grundbedeutung ist wissen.
Es bezeichnet aber auch eine Fähigkeit: "Ich kann ..., weil ich es gelernt habe."

sé		ich kann	
sabes		du kannst	
sabe		er/sie kann	
sabemos	**tocar el piano.**	wir können	Klavier spielen.
sabéis		ihr könnt	
saben		sie können	

querer (wollen)

Ist wie im Deutschen zu verwenden. Eine höflichere Form ist **quería** oder **quisiera** (ich möchte).

quiero		ich will	
quieres		du willst	
quiere	**ver la pelicula.**	er/sie will	den Film sehen.
queremos		wir wollen	
queréis		ihr wollt	
quieren		sie wollen	

ir a (werden)

Hiermit drückt man etwas aus, was gleich geschehen wird (nahe Zukunft). Wörtlich bedeutet **ir a** "gehen zu" und ist leider völlig unregelmäßig.

voy		ich werde	
vas		du wirst	
va	**a escribir**	er/sie wird	den Brief
vamos	**la carta.**	wir werden	schreiben.
vais		ihr werdet	
van		sie werden	

acabar de (gerade etwas getan haben)

Hiermit drückt man eine gerade stattgefundene Handlung aus. Wörtlich "aufhören von".

acabo		ich bin	
acabas		du bist	
acaba	**de llegar.**	er/sie ist	gerade
acabamos		wir sind	angekommen.
acabáis		ihr seid	
acaban		sie sind	

in Kürze: die anderen Zeiten

Vergangenheit

ayer	gestern
anteayer	vorgestern
antes	damals
la última vez	letztes Mal
anoche	gestern Abend
todavia	noch
aún no	noch nicht
ya	schon
siempre	immer (noch)

la semana pasada
die Woche vergangen
letzte Woche

el mes/año pasado
der Monat/Jahr vergangen
letzten Monat/Jahr

Es gibt viele Zeiten in der Vergangenheit, von denen ich nur eine erklären möchte, nämlich das "**indefinido**". Man braucht es für Handlungen in der Vergangenheit. Leider kann man es nicht für Beschreibungen von Zuständen verwenden, aber ich denke, es wird fürs Erste reichen, wenn man erzählen kann, was man gemacht hat oder was passiert ist.

Die Endungen der Verben auf **-ar** unterscheiden sich von denen auf **-er/-ir.** Die unregelmäßigen Verbformen und die anderen Zeiten stehen in ausführlichen Grammatiken.

Ayer me compré un traje de baño.
gestern mir (ich)kaufte ein Anzug von Bad
Gestern kaufte ich mir einen Badeanzug.

Recibí una carta de Andrés el miércoles.
(ich)bekam eine Brief von Andrés der Mittwoch
Am Mittwoch bekam ich einen Brief von Andrés.

comprar (-ar)	kaufen	**comer (-er)**	essen
compré	ich kaufte	**comí**	ich aß
compraste	du kauftest	**comiste**	du aßt
compró	er/sie kaufte	**comió**	er/sie aß
compramos	wir kauften	**comimos**	wir aßen
comprasteis	ihr kauftet	**comisteis**	ihr aßt
compraron	sie kauften	**comieron**	sie aßen

Wie **comer** verändern sich auch alle Verben auf **-ir.**

Zukunft

mañana	morgen	**después**	nachher
pasado mañana	übermorgen	**luego, entonces**	dann
pronto	bald	**al final**	schließlich
más tarde	später	**hoy**	heute

la semana que viene
die Woche die kommt
nächste Woche

esta mañana/tarde/noche
diese Morgen/Abend/Nacht
heute morgen/abend/nacht

Um die Zukunftsform so einfach wie möglich zu bilden, nimmt man das Verb in der Gegenwart und ein passendes Zeitwort aus der Liste oben.

Mañana voy a la discoteca.
morgen (ich)gehe zu die Disko
Morgen gehe ich in die Disko.

El lunes que viene viajamos a la capital.
der Montag der kommt (wir)reisen zu die Hauptstadt
Nächsten Montag fahren wir in die Hauptstadt.

Die Fürwörter

Die persönlichen Fürwörter

In den bisherigen Kapiteln sind wir ohne sie ausgekommen, da sie nicht notwendiger Bestandteil eines Satzes sind. Viel wichtiger ist es, daß die Endung des Verbs stimmt. Zur Verstärkung und nach Präpositionen braucht man sie aber doch.

Einzahl		Mehrzahl	
yo	ich	**nosotros**	wir
tú	du	**vosotros**	ihr
él	er	**ellos**	sie (m)
ella	sie	**ellas**	sie (f)
usted	Sie (höfl.)	**ustedas**	Sie (höfl.)

Nach Verhältniswörtern wird **yo** und **tú** nicht gebraucht, stattdessen **mí** und **ti. Conmigo** (mit mir) und **contigo** (mit dir) sind Sonderformen des Verhältniswortes **con** (mit). Weitere Beispiele:

para mí	für mich
para ti	für dich
para él	für ihn
para nosotros	für uns
para ustedes	für Sie

wen oder wem?

So genau wird da im Spanischen zum Glück nicht unterschieden. Es gibt nur **eine** Form. Sie steht grundsätzlich **vor** dem Verb. Ausnahmen gibt es bei Verwendung der Grundform eines Verbs und bei Aufforderungen. Dort werden diese Fürwörter angehängt und als ein Wort geschrieben. In der wörtlichen Übersetzung habe ich das durch Bindestriche markiert.

Einzahl		Mehrzahl	
me	mich, mir	**nos**	uns
te	dich, dir	**os**	euch
lo	ihn	**los**	sie (m)
la	sie	**las**	sie (f)
le	ihm, ihr, Ihnen	**les**	ihnen, Ihnen

Lo, los, la, las stehen meist für Sachen und **le, les** für Personen. **Lo** bedeutet auch "es".

Veo un árbol.
(ich)sehe ein Baum
Ich sehe einen Baum.

Lo veo.
ihn (ich)sehe
Ich sehe ihn.

Puedo verlo.
(ich)kann sehen-ihn
Ich kann ihn sehen.

El camarero trae una sopa.
der Kellner bringt eine Suppe
Der Kellner bringt eine Suppe.

Me la trae.
mir sie (er)bringt
Er bringt sie mir.

Tráigalo.
(Sie)bringen-ihn
Bringen Sie es.

Tráigamelo.
(Sie)bringen-mir-ihn
Bringen Sie es mir.

Démelo.
(Sie)geben-mir-ihn
Geben Sie es mir.

La busco.
sie (ich)suche
Ich suche sie.

Voy a buscarla.
(ich)gehe zu suchen-sie
Ich werde sie suchen.

Me ves.
mich (du)siehst
Du siehst mich.

¿No me das un beso?
nicht mir (du)gibst ein Kuß
Gibst du mir keinen Kuß?

No le entiendo.
nicht ihm/ihr (ich)verstehe
Ich verstehe Sie/ihn/sie nicht.

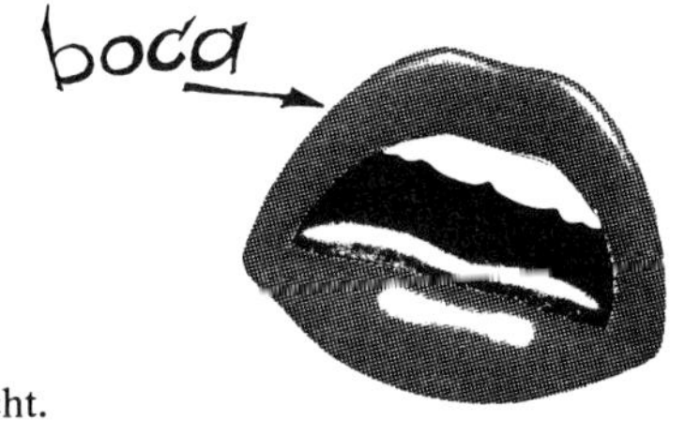

rückbezügliche Fürwörter

Es gibt viele rückbezügliche Verben, die immer mit einem Fürwort gebraucht werden. Man erkennt sie an dem angehängten **-se** (sich) in der Grundform.

sentarse	sich setzen
me siento	ich setze mich
te sientas	du setzt dich
se sienta	er setzt sich
nos sentamos	wir setzen uns
os sentáis	ihr setzt euch
se sientan	sie setzen sich

Nicht alle Verben, die im Spanischen rückbezüglich sind, sind es auch im Deutschen und umgekehrt. Beispiele: **llamarse** (heißen), **quedarse** (bleiben), **levantarse** (aufstehen), **irse** (weggehen).
● **"se"** bedeutet "sich" oder "man". Oft wird es auch zur Umschreibung einer Passiv-Form benutzt.

Beatriz se lava las manos.
Beatriz sich wäscht die Hände
Beatriz wäscht sich die Hände.

Se habla alemán.
man spricht Deutsch
Man spricht Deutsch.

Se venden pisos aquí.
man verkaufen Wohnungen hier
Hier werden Wohnungen verkauft.

¿Se puede fumar?
man darf rauchen?
Darf man rauchen?

besitzanzeigende Fürwörter

Die besitzanzeigenden Fürwörter werden in Verbindung mit Hauptwörtern gebraucht. Immer wenn es um mehrere Gegenstände geht, wird ein **-s** angehängt. Zusätzlich passen sich **nuestro** und **vuestro** auch im Geschlecht dem Hauptwort an.

Einzahl		Mehrzahl	
mi	mein	**nuestro/-a**	unser (m/f)
tu	dein	**vuestro/-a**	euer (m/f)
su	sein/ihr/Ihr	**su**	ihr/Ihr

Hier nun einige Beispiele der einfachen Anwendung.

Einzahl

mi coche
mein Wagen

tu amigo
dein Freund

nuestro piso
unsere Wohnung

nuestra relación
unsere Beziehung

vuestro perro
euer Hund

su casa
sein/ihr/Ihr Haus

Mehrzahl

mis coches
meine Wagen

tus amigos
deine Freunde

nuestros pisos
unsere Wohnungen

nuestras relaciones
unsere Beziehungen

vuestros perros
eure Hunde

sus casas
seine/ihre/Ihre Häuser

"dies" und "das"

Man unterscheidet drei Entfernungsgrade.

esto	dies (beim Sprechenden)
este coche	dieser Wagen
esta chica	dieses Mädchen
estos señores	diese Herren
estas flores	diese Blumen
eso	das da (beim Angeredeten)
ese árbol	der Baum da
esa casa	das Haus da
esos hombres	die Männer da
esas rosas	die Rosen da
aquello	jenes (entfernt vom Sprecher)
aquel pueblo	jenes Dorf
aquella noche	jene Nacht
aquellos trenes	jene Züge
aquellas maletas	jene Koffer

Zu beachten ist, daß die Grundformen **esto, eso, aquello** neutral sind und nicht direkt vor Hauptwörtern stehen dürfen:

¿Qué es esto/eso/aquello? Was ist dies/das/jenes?	**Esto es un disco.** Dies ist eine Schallplatte.
Aquí.	Hier.
Ahí.	Da.
Allí.	Dort.

der Satzbau

● **Subjekt - Prädikat - Objekt** ist die normale Wortstellung im Spanischen, persönliche Fürwörter werden oft weggelassen.

(Yo) (ich)	**veo** sehe	**a Sabine.** Sabine

Felisa Felisa	**vino** kam	**ayer.** gestern

● **Verneinung** und **Pronomen** stehen **vor dem Verb.**

No nicht	**estoy** (ich)bin	**contento.** zufrieden
Ich bin nicht zufrieden.		

Yo ich	**te** dich	**quiero.** liebe
Ich liebe dich.		

No nicht	**lo** es	**encuentro** (ich)finde
Ich finde es nicht.		

● **Zwei Verbformen** stehen **direkt zusammen.**

Antonio Antonio	**quiere comprar** will kaufen	**un periódico.** einen Zeitung
Antonio will eine Zeitung kaufen.		

El médico der Arzt	**sabe hablar** weiß sprechen	**alemán** deutsch
Der Arzt kann deutsch sprechen.		

● **Adjektive** stehen **nach dem Hauptwort:**

La chica rubia die Mädchen blond	**toma** nimmt	**café.** Kaffee
Das blonde Mädchen trinkt Kaffee.		

La chica morena die Mädchen dunkel	**toma** nimmt	**leche.** Milch
Das dunkelhaarige Mädchen trinkt Milch.		

Beachte: Die wörtliche Bedeutung von **tomar** ist "nehmen", bei Lebensmitteln heißt es aber auch "essen" bzw. "trinken".

Fragen

Jeder Fragesatz beginnt mit einem Fragezeichen, das auf dem Kopf steht. Man unterscheidet zwei Fragearten, nämlich die Entscheidungs- und die Ergänzungsfrage.

Entscheidungsfrage

Sie enthält kein spezielles Fragewort und wird im allgemeinen nur mit ja oder nein beantwortet. Von einer Aussage unterscheidet sich diese Frage durch die Tonlage, das heißt die Stimme steigt zum Satzende an. Der Unterschied zum Deutschen besteht darin, daß sich die Wortstellung nicht ändern muß.

Aussage: **El tren llega a la una y veinte.**
der Zug kommt um eins und zwanzig
Der Zug kommt um 13.20 Uhr.

Frage: **¿El tren llega a la una y veinte?**
der Zug kommt um eins und zwanzig?
Kommt der Zug um 13.20 Uhr?

Ergänzungsfrage

Das sind Fragen mit Fragewörtern. Als Antwort reicht ja oder nein nicht aus, es wird eine genaue Angabe (Ergänzung) erwartet.

qué	was	**cuándo**	wann
quién	wer	**dónde**	wo
cuál	welcher	**de dónde**	woher
cómo	wie	**adónde**	wohin
por qué	warum	**cuántos/-as**	wieviele

Hier einige Beispiele mit möglichen Antworten.

¿Qué es esto?
was ist dies?
Was ist dies?

¿Qué es eso?
was ist das?
Was ist das da?

¿Qué es aquello?
was ist jenes?
Was ist jenes?

¿Cómo te llamas?
wie dich nennst?
Wie heißt du?

Me llamo O'Niel.
mich nenne O'Niel
Ich heiße O'Niel.

typische Fragen

¿Dónde vives?
wo (du)lebst?
Wo lebst Du?

Vivo en Alemania.
(ich)lebe in Deutschland.
Ich lebe in Deutschland.

¿Cuándo llega el autobús para Madrid?
wann kommt der Bus für Madrid?
Wann kommt der Bus nach Madrid?

En diez minutos.
in zehn Minuten
In zehn Minuten.

¿Adónde vas mañana?
wohin (du)gehst morgen?
Wohin fährst du morgen?

Voy al puerto de Cádiz.
(ich)gehe zum Hafen von Cadiz
Zum Hafen von Cadiz.

¿Por qué estás aquí?
warum (du)bist hier?
Warum bist Du hier?

Estoy de vacaciones.
(ich)bin von Ferien
Ich mache hier Ferien.

¿Qué reloj te gusta más?
welcher Uhr dir gefällt mehr?
Welche Uhr gefällt dir besser?

El de la izquierda.
der von die links
Die links.

die Verneinung

no (nein)

No bedeutet sowohl nein als auch nicht/kein.
Als Verneinung steht es immer **vor** einem Verb.

¿Me acompañas?
mich (du)begleitest?
Begleitest du mich?

No.
nein
Nein.

No tengo tiempo.
nein (ich)habe Zeit
Ich habe keine Zeit.

¿No tienes ganas?
nein (du)hast Lust?
Hast du keine Lust?

nada/nadie (nichts/niemand)

Vor dem Verb steht **no,** dahinter folgt **nada** und **nadie.**
Die doppelte Verneinung hebt sich **nicht** gegenseitig auf!

No veo nada.
nicht (ich)sehe nichts.
ich sehe nichts.

No viene nadie.
nicht kommt niemand.
Niemand kommt.

die Verhältniswörter (Präpositionen)

a	zu, nach	**entre**	zwischen
con	mit	**hacia**	bis (örtlich)
de	von	**hasta**	bis (zeitlich)
desde	seit	**para**	für
durante	während	**por**	durch
en	in, an, auf	**según**	gemäß
ante	vor	**sin**	ohne
contra	gegen	**sobre**	über

Die drei wichtigsten und häufigsten sind **a, de** und **en.** Hier ein paar Beispiele zu ihrer Anwendung.

a (zu)

Wird meistens als Angabe des Ziels verwendet. Zu beachten ist: **a + el** wird **al,** genau wie im Deutschen: zu + dem wird zum. Bei den anderen Artikeln tritt diese Verschmelzung nicht auf, dh. **a la, a los, a las** sind immer zwei Wörter.

●Richtung

Vamos a España.
(wir)gehen zu Spanien
Wir fahren nach Spanien.

Viajo a Madrid.
(ich)reise zu Madrid
Ich fahre nach Madrid.

●Person als Objekt (wen?), entfällt bei Dingen

Busco a Diego.
(ich)suche zu Diego
Ich suche Diego.

Busco mi camisa.
(ich)suche meine Hemd
Ich suche mein Hemd.

●Zeitpunkt

La película empieza a las diez.
die Film beginnt zu die zehn
Der Film fängt um 10.00 Uhr an.

en (in)

Die meisten Ortsangaben werden mit **en** gebildet. Der Unterschied zwischen **en** (Ort) und **a** (Richtung) ist sehr wichtig, und man darf diese beiden Wörter nicht verwechseln!

●Ort

Estoy en casa.
(ich)bin in Haus
Ich bin zu Hause.

Almuerzo en el bar.
(ich)mittagesse in der Bar
Ich esse in der Bar Mittag.

Eine **bar** ist übrigens eine "Kneipe", in der es oft auch etwas zu essen gibt.

●Verkehrsmittel

Viajo en tren.
(ich)reise in Zug
Ich fahre mit dem Zug.

Voy en avión.
(ich)gehe in Flugzeug
Ich fliege.

●zukünftige Zeit

Venimos en tres días/en dos horas.
(wir)kommen in drei Tagen/in zwei Stunden
Wir kommen in drei Tagen/in zwei Stunden.

de (von)

Mit Hilfe von **de** kann man zusammengesetzte Hauptwörter bilden. Außerdem bezeichnet es Besitz und Zugehörigkeit. Auch hier verschmilzt **de** mit **el** zu **del,** während **de la, de los, de las** getrennt bleiben.

● Zusammensetzung

una tienda de bolsos
eine Laden von Taschen
ein Taschengeschäft

una chaqueta de piel
eine Jacke von Leder
eine Lederjacke

●**Zugehörigkeit**

el coche de Paco.
der Wagen von Paco
Pacos Wagen

la madre de Antonio.
die Mutter von Antonio
Antonios Mutter

●**Herkunft**

Soy de Burgos.
(ich)bin von Burgos
Ich komme aus Burgos.

Soy de Alemania.
(ich)bin von Deutschland
Ich komme aus Deutschland.

●**typisches Merkmal**

el balcón de las flores.
der Balkon von die Blumen
der Balkon mit den Blumen.

éste del bigote.
dieser vom Bart
der mit dem Bart.

Einige Präpositionen bestehen aus mehreren Wörtern:

al lado de	neben	**delante de**	vor (örtl.)
a la derecha de	rechts	**después de**	nach (zeitl.)
a la izquierda de	links	**encima de**	über
antes de	vor	**fuera de**	außerhalb
cerca de	nahe	**lejos de**	weit weg
debajo de	unter	**enfrente de**	gegenüber

Die Bindewörter (Konjunktionen)

y	und	**aunque**	obwohl
o	oder	**porque**	weil
pero	aber	**que**	daß, als, das
sino	wenn nicht	**si**	ob, wenn
cuando	als (zeitlich)	**es decir**	das heißt

que wird für Erläuterungen, die sich auf nur ein Wort beziehen, in der indirekten Rede und bei Vergleichen verwendet. Es gibt keinen Unterschied zwischen das und daß! Beispiele:

● **Erläuterung**

la camisa que quiero comprar
die Hemd die (ich)will kaufen
das Hemd, das ich kaufen will

● **indirekte Rede**

Pienso que Miguel es muy amable.
(ich)denke daß Miguel ist sehr freundlich
Ich denke, daß Miguel sehr freundlich ist.

● **Vergleich**

Tú eres más guapa que mi hermana.
du bist mehr schön als meine Schwester
Du bist schöner als meine Schwester.

Alle anderen Bindewörter benutzt man wie im Deutschen.

Zahlen und zählen

0	**cero**	14	**catorce**	28	**veiniocho**
1	**uno***	15	**quince**	29	**veininueve**
2	**dos**	16	**dieciséis**	30	**treinta**
3	**tres**	17	**diecisiete**	31	**treinta y uno**
4	**cuatro**	18	**dieciocho**	32	**treinta y dos**
5	**cinco**	19	**diecinueve**	33	**treinta y tres**
6	**seis**	20	**veinte**	40	**cuarenta**
7	**siete**	21	**veintiuno**	41	**cuarenta y uno**
8	**ocho**	22	**veintidós**	42	**cuarenta y dos**
9	**nueve**	23	**veintitrés**	50	**cincuenta**
10	**diez**	24	**veinticuatro**	60	**sesenta**
11	**once**	25	**veinticinco**	70	**setenta**
12	**doce**	26	**veintiséis**	80	**ochenta**
13	**trece**	27	**veintisiete**	90	**noventa**

Beachte:

* **uno** vor einem Hauptwort wird zu **un** (m) oder **una** (f) auch in Zusammensetzungen (d.h. auch in 21, 31, 41 ...)

Die Zahlen zwischen 30 und 100 bildet man so: zuerst die Zehnerzahl, dann "**y**" und schließlich die Einerzahl.
Beispiel: 36 = **treinta y seis.**

100	**cien(to)**	600	**seiscientos**
200	**doscientos**	700	**setecientos**
300	**trescientos**	800	**ochocientos**
400	**cuatrocientos**	900	**novecientos**
500	**quinientos**	1000	**mil**

1995 **mil novecientos noventa y cinco**

Steht **ciento** vor einem Hauptwort, wird es zu **cien** verkürzt. Beispiel 100 Autos = **cien coches.** In Verbindung mit weiblichen Substantiven enden die Hunderterzahlen auf **-as.** Beispiel: 500 Peseten = **quinientas pesetas.**

Ordnungszahlen

primero	erster
segundo	zweiter
tercero	dritter
cuarto	vierter
quinto	fünfter
sexto	sechster
séptimo	siebter
octavo	achter
noveno	neunter
décimo	zehnter
último	letzter

6.

Vor männlichen Hauptwörtern entfällt das **-o** von **primero** und **tercero,** z.B. **primer piso** (1. Etage).

Mengen

un kilo	ein Kilo
medio kilo	halbes Kilo
cien gramos	hundert Gramm
un litro	ein Liter
una botella	eine Flasche
un paquete	ein Paket
una docena	ein Dutzend

Zusammen mit Dingen wird "**de**" (von) eingeschoben:

una botella de vino.
eine Flasche von Wein
eine Flasche Wein.

un litro de leche.
ein Liter von Milch
ein Liter Milch.

Uhrzeit / Datum

Man benutzt nur das sogenannte 12-Stunden-System. Damit es aber nicht zur Verwirrungen kommt, gibt es folgende Zusätze:

de la mañana	vormittags
de la tarde	nachmittags
de la noche	abends, nachts

Zur Einteilung des Tages siehe Kapitel "Begrüßung"!

¿Qué hora es?
was Stunde ist
Wie spät ist?

¿Qué hora tienes?
was Stunde (du)hast
Wie spät hast du es?

y	nach	**cuarto**	Viertel
menos	vor	**media**	Halb

Und hier nochmal die Zahlen bis 12:

una	1	**siete**	7
dos	2	**ocho**	8
tres	3	**nueve**	9
cuatro	4	**diez**	10
cinco	5	**once**	11
seis	6	**doce**	12

Es la una.
ist die eins
Es ist 1.00/13.00.

Son las tres y cuarto.
sind die drei und viertel
Es ist 3.15/15.15.

Son las nueve menos cuarto.
sind die neun minus viertel
Es ist 8.45/20.45.

Son las cinco y media.
sind die fünf und halbe
Es ist 5.30/17.30.

Son las once y veinticinco.
sind die elf und fünfundzwanzig
Es ist 11.25/23.25.

¿A qué hora vienes?
zu was Stunde (du)kommst
Wann kommst du?

¿Cuándo llega el avión?
wann ankommt das Flugzeug?
Wann kommt das Flugzeug an?

A la una.	Um ein Uhr.
A las dos, tres ...	Um zwei, drei ...

Bei allen Zeitangaben wird der weibliche Artikel gebraucht: **la** (bei Zahlen mit 1) und **las** (bei den anderen Zahlen). Ursprünglich hieß es nämlich einmal:

la una hora	(= die eine Stunde)
las dos/tres horas.	(= die zwei/drei Stunden)

Wochentage

lunes	Montag	**viernes**	Freitag
martes	Dienstag	**sábado**	Samstag
miércoles	Mittwoch	**domingo**	Sonntag
jueves	Donnerstag		

"**El**" vor einem Wochentag bedeutet "am".
Also z.B. **el jueves** = am Donnerstag (wörtl. der Donnerstag).

Monate

enero	Januar	**mayo**	Mai	**septiembre**	September
febrero	Februar	**junio**	Juni	**octubre**	Oktober
marzo	März	**julio**	Juli	**noviembre**	November
abril	April	**agosto**	August	**diciembre**	Dezember

Konversationsteil

Auf den folgenden Seiten finden Sie umganssprachliche allgemeine Floskeln und Redewendungen, die eigentlich in jedem Gespräch vorkommen. Viele davon werden Sie am Anfang nicht verwenden, aber wer diese Ausdrücke von Spaniern hört, sollte sie auch verstehen können. Oft habe ich mehrere Sätze aufgeschrieben, die das gleiche oder fast das gleiche bedeuten. Zuerst reicht es natürlich, wenn Sie nur einen Ausdruck lernen und die anderen später, um dann einige Auswahlmöglichkeiten zu haben.

Falls Sie einen bestimmten Satz, den Sie gerade brauchen, hier nicht finden, müssen Sie improvisieren und einen ähnlichen nehmen. Denn es ist natürlich nicht möglich, alle eventuell vorkommenden Sätze einer Unterhaltung in einem Büchlein von ca. 150 Seiten Umfang aufzuschreiben.

Wer aber meint, ich habe ein extrem wichtiges Thema ausgelassen, der setze sich mit mir in Verbindung (Adresse am Buchende). Sollte sich der Vorschlag als brauchbar erweisen, kann er in der nächsten Auflage berücksichtigt werden.

Und nun viel Spaß bei Ihren ersten Gesprächen!

Kurz-Knigge

Da es Ihnen ja darum geht, nicht nur das Land kennenzulernen, sondern auch "**amigos**" zu gewinnen, hier ein kleiner Wegweiser dafür.

- Kritisieren Sie nicht alles, was von der deutschen Lebensform abweicht, sonst entsteht der Eindruck, Sie wären eingebildet und überheblich. Spanier reagieren dann zu Recht mit verletztem Stolz.

- Die Anrede "**tú**" ist weiter verbreitet als das deutsche "du". Vermeiden Sie es deshalb, zu oft "**usted**" zu gebrauchen, denn damit vermitteln Sie Ihrem Gesprächspartner ein Gefühl von unpersönlicher Distanz.

- Spanier knüpfen viel schneller Kontakte, als wir es gewohnt sind. Das kann man ruhig nachmachen und von sich aus anfangen, etwas zu erzählen. Allerdings wird der leicht als aufdringlich und besserwisserisch empfunden, der unaufgefordert sog. "gutgemeinte Ratschläge" gibt.

- Ein Spanier formuliert seine Wünsche meist als zaghaften Vorschlag oder Frage und erwartet, daß auch der Fremde nicht etwa seinen Willen mit dem Unterton ausdrückt "ich mache jetzt dies und das, und wenn du willst kannst du ja mitmachen.

- Es gilt als äußerst unhöflich und verletzend, einen Vorschlag strikt abzulehnen. Der Spanier sagt eher, er wolle mal sehen, was sich machen läßt, oder daß er es mal versuchen will. Das darf man aber nicht als Zusage auffassen.

- Spanier neigen viel mehr zu positiven Ausdrücken, auch wenn das für uns übertrieben oder unehrlich wirken kann. So bedeutet z.B. "**muy bien**" (sehr gut) auch, je nach Stimmung des Sprechers, daß er etwas zwar versteht und akzeptiert, aber eigentlich eine ganz andere Meinung hat.

●Es ist nicht üblich, alles im voraus auf die Minute genau zu planen oder zu Verabredungen pünktlich zu kommen. Wenn man abends ausgehen will, wird vorher meist nicht festgelegt, wer wann wohin geht, sondern man improvisiert. Planung wird oft als Einschränkung empfunden.

●In Kirchen sind kurze Hosen, Miniröcke u.ä. nicht zugelassen. Frauen müssen dort eine Kopfbedeckung tragen und die Schultern bedeckt haben. Diese Vorschriften nicht zu beachten, gilt als Respektlosigkeit und kann einen Rausschmiß zur Folge haben.

●Das geschriebene Wort gilt im allgemeinen weniger als das gesprochene. Es ist deshalb immer besser, jemanden, der sich auskennt, zu fragen, als irgendeinem Schriftstück, das veraltet ist, zu glauben. Die Bürokratie ist zwar sehr ausgedehnt, doch läßt sich in fast allen Situationen immer noch "etwas machen".

Gesten und Handzeichen

Ich empfehle, diese Handzeichen nicht auszuprobieren, denn die meisten bedeuten etwas negatives und auch in der Körpersprache gibt es verschiedene Dialekte. Beim Gespräch übrigens schaut man den anderen intensiv an, um nicht zu signalisieren "du langweilst mich".

●Der Unterarmschlag wird wie in Deutschland als Zeichen von Kraft und Potenz gebraucht.

●Mit einem Finger das Augenlid herunterziehen bedeutet eine Warnung: "Paß bloß auf!"

●Daumen, Zeige- und Mittelfinger zusammengelegt und nach oben gerichtet entspricht einer Mengenangabe "viel" oder einer Verstärkung der gesprochenen Aussage.

- Die geballte Faust und den Daumen unter dem Zeigefinger durchgesteckt bedeutet "du Schlappschwanz".
- Mit Daumen und Zeigefinger leicht an den Wangen streicheln heißt "ganz gut, was du da machst", also eine versteckte Anerkennung.
- Den gestreckten Zeigefinger auf der Wange drehen meint "homosexuell".
- Ausgestreckter Zeige- und kleiner Finger werden als Spottgeste für "gehörnter Ehemann" gebraucht. Schwere Beleidigung!

Nichts verstanden?

¿Habla usted alemán?
sprechen Sie Deutsch?

¿Habla usted castellano?
sprechen Sie Spanisch?

No, lo siento.
nein es (ich)bedaure
Nein, tut mir leid.

¿Cómo dice?
wie (er)sagt?
Wie bitte?

Sólo un poquito.
nur ein bißchen

Comprendo.
verstehe

¿Comprende usted?
verstehen Sie?

No lo entiendo.
nicht es (ich)verstehe
Ich verstehe nicht.

Más despacio por favor.
mehr langsam für Gefallen
Bitte etwas langsamer.

¿Puede repetir, por favor?
(er)kann wiederholen für Gefallen
Würden Sie das bitte wiederholen?

¿Qué quiere decir "zapato"?
was will sagen "Schuh"?
Was bedeutet "zapato"?

Floskeln und Redewendungen

sich begrüßen

¡Hola!
Hallo!

¡Buenas! (gute!)
Tag!

Llegas a punto.
(du)kommst zu Punkt
Du kommst gerade richtig.

¿Qué haces tú por aquí?
was machst du für hier?
Was machst du denn hier?

Buenos días.
gute Tage
Guten Vormittag.

Buenas tardes.
gute Nachmittage
Guten Nchmittag.

Buenas noches.
gute Nächte
Guten Abend/Nacht.

Bis zum Mittag sagt man "**buenos días**", danach bis zur Dämmerung "**buenas tardes**" und nach dem Dunkelwerden "**buenas noches**".

sich verabschieden

Adiós.
Auf Wiedersehen.

Chao.
Tschüß. (von ital. ciao)

Buen viaje.
Gute Reise.

Entonces me voy.
jetzt mich gehe
Ich gehe jetzt.

Tengo que irme.
(ich)habe daß weggehen
Ich muß gehen.

Ahora salgo.
jetzt (ich)rausgehe
Ich verschwinde jetzt.

Me largo.
mich entferne
Ich haue ab.

Hasta la vista.
bis die Sicht
Auf Wiedersehen.

Hasta mañana. — Bis morgen.
Hasta más tarde. — Bis später.
Hasta después. — Bis nachher.

Hasta pronto.
Bis bald.

Hasta luego.
Bis dann.

Recuerdos a ...
Grüße an ...

Saludos a ...
Grüße an ...

sich entschuldigen

Perdone.
Entschuldigung.

Disculpe.
Verzeihung.

Disculpe la interrupción.
Entschuldigen Sie die Störung.

Lo siento de veras.
es (ich)bedaure von Wahrheit
Tut mir wirklich leid.

No era a propósito.
Es war nicht absichtlich.

No es culpa mía.
nicht ist Schuld meine
Es ist nicht meine Schuld.

Te lo puedo explicar.
dir das (ich)kann erklären
Ich kann es erklären.

Lo que quiero decir es ...
das was (ich)will sagen ist ...
Was ich meine, ist ...

No te importa nada.
nicht dich angeht nichts
Das geht dich nichts an.

Es decir ...
ist sagen ...
Das heißt ...

Es para reir.
ist für lachen
Ist doch lächerlich.

No es nada.
nein ist nichts
Macht nichts.

No hay de qué.
nicht gibt's von was
Keine Ursache.

Está bien.
ist gut
Schon gut.

wie geht's

¿Qué tal?
was solcher?
Wie geht's?

¿Cómo estás?
wie (du)bist?
Wie geht es dir?

¿Cómo le va?
wie ihm geht?
Wie geht's Ihnen?

¿Cómo está usted?
wie ist Sie?
Wie geht es Ihnen?

Estoy enfermo.
(ich)bin krank
Ich bin krank.

Mal.
Schlecht.

Lamentable.
Erbärmlich.

Miserable.
Elendst.

Como siempre.
Wie immer.

Bien.
Gut.

Muy bien.
Sehr gut.

Bastante bien.
Ganz gut.

Así así.
so so
Es geht so.

Mejor.
Besser.

Mucho mejor.
Viel besser.

Excelente.
Ausgezeichnet.

Fantástico.
Fantastisch.

berichten

Oye, me han contado ...
hör mir haben erzählt ...
Man hat mir erzählt ...

¿Sabes lo último?
(du)weißt der letzte?
Weißt du schon d. Neuste?

¿Sabes que ... ?
(du)weißt daß ... ?
Weißt du, daß ... ?

Dicen que ...
sagen daß ...
Man sagt, daß ...

Parece que ...
scheint daß ...
Es scheint, daß ...

Me han dicho que ...
mir haben gesagt daß ...
Man hat mir gesagt,daß ...

Me enteré de que ...
mich informierte von daß ...
Ich habe erfahren,daß ...

¿Ya conoces la novedad?
schon (du)kennst die Neuigkeit?
Weißt du es schon?

meinen

Yo pienso que ...
Ich denke, daß ...

Mi opinión es que ...
Meine Meinung ist, daß ...

En mi opinión ...
zu meine Meinung ...
Meiner Meinung nach ...

A mi me parece que ...
zu mir mir scheint daß ...
Mir scheint ...

Tengo la impresión de que ...
(ich)habe den Eindruck von daß ...
Ich habe den Eindruck, daß ...

Bueno, creo que ...
gut (ich)glaube daß ...
Also ich glaube, daß ...

Ahora te voy a decir algo.
jetzt dir (ich)gehe zu sagen etwas
Jetzt werde ich dir mal was sagen.

zustimmen

Tienes razón.
(du)hast Recht
Du hast Recht.

Estoy de acuerdo.
(ich)bin einverstanden
Ich stimme dem zu.

Eso se puede decir.
das man kann sagen
Das kann man wohl sagen.

En efecto.
in Wirkung
Durchaus.

Es exacto.
ist genau
Das stimmt.

Pero que sí.
aber daß ja
Aber ja.

Claro.
Klar.

Seguro.
Sicher.

Es verdad.
ist Wahrheit
Das ist wahr.

verneinen

Es falso.
ist falsch
Das ist falsch.

No es verdad.
nicht ist Wahrheit
Das ist nicht wahr.

No en absoluto.
nein in unbedingt
Überhaupt nicht.

En ningún caso.
Auf keinen Fall.

No te creo ninguna palabra.
nicht dir (ich)glaube kein Wort
Ich glaube dir kein Wort.

No hay nada verdadero.
nicht gibt's nichts wahres
Das stimmt überhaupt nicht.

Tú mientes.
Du lügst.

No es asi.
nicht ist so
So ist das nicht.

Está equivocado.
(er/sie)ist irrtümlich
Sie irren sich.

überzeugen

Me lo puedes creer.
mir es (du)kannst glauben
Das kannst du mir glauben.

Es evidente que ...
ist offensichtlich daß ...
Es ist klar ...

Estoy convencido que ...
(ich)bin überzeugt daß ...
Ich bin überzeugt, daß ...

Pero escucha.
aber hör
Aber hör doch mal.

No hay duda.
nicht gibt's Zweifel
Zweifellos.

Estoy convencido de que ...
(ich)bin überzeugt von daß ...
Ich bin mir ganz sicher, daß ...

Que sí ...
daß ja ...
Aber ja ...

widersprechen

¿Lo piensas de veras?
es (du)glaubst von Wahrheit?
Glaubst du das wirklich?

Pero ¡qué me cuentas!
aber was mir (du)erzählst!
Was erzählst du denn da!

No puedes decirlo.
nicht (du)kannst sagen-es
Das kannst du nicht sagen.

No te lo creo.
nicht dir es (ich)glaube
Das glaube ich dir nicht.

No acepto que ...
nicht (ich)annehme daß ...
Ich akzeptiere nicht, daß ...

¡Qué dices!
was (du)sagst!
Was du nicht sagst!

¡Qué babaridad!
welche Barbarei!
Blödsinn!

Estás loco/loca.
(du)bist verrückt (m/f)
Du bist verrückt.

Estoy en contra.
(ich)bin in gegen
Ich bin dagegen.

Haces chistes.
(du)machst Witze
Mach keine Witze.

Me cuentas tonterías.
mir (du)erzählst Dummheiten
Du redest Unsinn.

Estás chiflado.
(du)bist bescheuert
Du spinnst wohl.

anzweifeln

No hablas en serio.
nicht (du)sprichst in Ernst
Das ist doch nicht dein Ernst.

No hagas bromas.
nicht mach Scherze
Mach keine Witze.

¡Cuéntalo a los otros!
erzähl-es zu den anderen!
Mir kannst du das nicht weismachen!

Eso me extrañaría mucho.
das mich würde-wundern viel
Das würde mich sehr wundern.

Lo dudo.
es (ich)bezweifle
Das bezweifle ich.

No puedo comprenderlo.
nicht (ich)kann verstehen-es
Das verstehe ich nicht.

No lo creo.
nicht es (ich)glaube
Das glaube ich nicht.

Me pregunto si ...
mich (ich)frage ob ...
Ich frage mich, ob ...

Hace el ridículo.
(er)macht der Lächerliche
Er macht sich lächerlich.

sich begeistern

¡Qué bien!
was gut!
Das ist toll!

Es estupendo.
Das ist Spitze.

Es súper.
Das ist super.

¡Es loco!
Das ist verrückt.

Es hermoso.
Das ist schön.

¡De primera!
von erste!
Klasse!

sich freuen

Estoy loco de alegría.
(ich)bin verrückt von Freude
Ich bin wahnsinnig froh.

Estoy muy contento.
(ich)bin sehr zufrieden
Ich bin zufrieden.

Esto me complace.
dies mich freut
Das freut mich.

Estoy muy encantado.
(ich)bin entzückt
Ich bin echt entzückt.

wünschen

Tengo muchas ganas de ...
(ich)habe viele Lüste von ...
Ich möchte so gern ...

¡Ah! Si podría ...
Wenn ich ... könnte.

Espero que vengas pronto.
(ich)hoffe daß (du)kommst bald
Ich hoffe, du kommst bald.

¡Ojalá ... !
Oh Allah (arabisch) ... !
Hoffentlich!

Tengo inmensas ganas de ...
habe unheimliche Lüste von ...
Ich hätte größte Lust zu ...

Sueño con ...
Ich träume von ...

Me gustaría tanto ...
mir würde-gefallen soviel ...
Ich würde so gerne ...

jemanden einladen/etwas vorschlagen

Vamos a ...
Gehen wir ...

¿Tienes ganas de ... ?
hast Lüste von ... ?
Hast du Lust zu ... ?

Podriamos ...
Wir könnten ...

Te propongo ...
dir (ich)vorschlage ...
Ich schlage vor ...

¿Qué te parece si ... ?
was dir scheint wenn ... ?
Was hälst du davon ... ?

¿Te gustaría ... ?
dir würde-gefallen ... ?
Würde es dir gefallen ... ?

¿Te interesaría ... ?
dich würde-interessieren ... ?
Interessiert es dich ... ?

¿Quieres ... ?
Möchtest du ... ?

¿Qué piensas si ... ?
was (du)denkst wenn ... ?
Was meinst du, wenn ... ?

Ven, te invito.
komm dich (ich)einlade
Komm, ich lade dich ein.

Vámonos, chica/chico*.
Komm, Mädchen/Junge.

***chica** und **chico** werden unabhängig vom Alter gebraucht, auch für Erwachsene und Greise.

¿Qué haces esta tarde/noche?
was (du)machst dieser Nachmittag/Nacht?
Was machst du heute Nachmittag/Nacht?

¿Puedo acompañarte a casa?
(ich)kann begleiten-dich zu Haus?
Kann ich dich nach Hause bringen?

¿Quieres que te lleve a mi casa?
(du)willst daß dich (ich)bringe zu meine Haus?
Willst du mit zu mir kommen?

¿Vamos a darnos un pequeño paseo?
(wir)gehen zu geben-uns ein kleiner Spaziergang?
Sollen wir noch ein bißchen spazieren gehen?

Vorschlag annehmen

De acuerdo.
In Ordnung.

Bien.
Gut.

Con mucho gusto.
mit viel Gefallen
Gerne.

Vale.
Einverstanden.

¿Por qué no?
Warum nicht?

Claro que sí.
klar daß ja
Na klar.

Seguro.
Sicher.

Naturalmente.
Natürlich.

Es una buena idea.
Gute Idee.

Eso sería fantástico.
Das wäre phantastisch.

Estoy en favor.
Ich bin dafür.

bedauern/ablehnen

No gracias.
Nein danke.

No tengo ganas.
nicht habe Lüste
Ich habe keine Lust.

Eso no me dice nada.
das mir sagt nichts
Damit kann ich nichts anfangen.

No es posible.
nicht ist möglich
Das ist nicht möglich.

Es imposible.
ist unmöglich
Es geht nicht.

No quiero.
nicht (ich)will
Ich will nicht.

Lo siento mucho.
es (ich)bedaure sehr
Tut mir sehr leid.

De eso nada.
von diesem nichts
Kommt nicht in Frage.

No te acompaño.
nicht dich (ich)begleite
Ich komme nicht mit.

Es tu problema.
ist dein Problem
Das ist deine Sache.

unsicher sein

No sé qué hacer.
nicht (ich)weiß was tun
Ich weiß nicht was tun.

Estoy confundido.
(ich)bin durcheinander
Ich bin total verwirrt.

No estoy seguro.
nicht (ich)bin sicher
ich bin mir nicht sicher.

Lo encuentro muy desagradable.
es (ich)finde sehr unangenehm
Ich finde es sehr unangenehm.

Eso me deja confuso.
das mich läßt verwirrt
Das verwirrt mich.

Estoy desorientado.
(ich)bin verwirrt
Ich weiß nicht, was ich machen soll.

Todavía vacilo.
noch (ich)schwanke
Ich bin mir noch nicht schlüssig.

Es muy desagradable para mí.
ist sehr unangenehm für mich
Es ist sehr unangenehm für mich.

überrascht sein

¡Es increíble!
Unglaublich!

Es imposible.
Unmöglich.

¿Qué?
Was?

¿Sueño o qué?
träume oder was?
Träume ich oder was?

¡Es sorprendente!
ist überraschend!
Das ist erstaunlich!

¡Qué sorpresa!
So eine Überraschung!

¿De veras?
von Wahrheit?
Wirklich?

No puedo creerlo.
nicht (ich)kann glauben-es
Das kann ich nicht glauben.

No lo esperaba.
nicht es (ich)erwartete
Das habe ich nicht erwartet.

Me asombro de eso.
mich wundere von das
Das wundert mich.

¡Dios mío!
Mein Gott!

¿Qué pasó?
was passierte?
Was ist passiert?

Me quedé con la boca abierta.
mich blieb mit die Mund offen
Ich bin mit offenem Mund stehengeblieben.

¿Qué ocurrió/sucedió?
was geschah?
Was ist los?

Ay, ¡qué horror!
au welch Schrecken!
Meine Güte!

unwohl fühlen

No me siento bien.
nicht mich (ich)fühle gut
Ich fühle mich nicht gut.

No estoy bien.
nicht (ich)bin gut
Ich bin nicht gut drauf.

Estoy agotado.
(ich)bin erschöpft
Ich bin erschöpft.

Estoy al fin de los nervios.
(ich)bin am Ende von den Nerven
Ich bin am Ende.

Estoy hecho polvo.
(ich)bin gemacht Staub
Ich bin total kaputt.

sich langweilen

Me aburro.
mich langweile
Ich langweile mich.

Es aburrido.
ist langweilig
Mir ist langweilig.

Me es/da igual.
mir ist/gibt egal
Das ist mir egal.

Eso me deja frío.
das mich läßt kalt
Das läßt mich kalt.

¿Qué puedo hacer yo?
was kann machen ich
Was kann ich dafür?

¿Y qué?
und was?
Na und?

¡Eh bien!
eh gut!
Na und!

¿Para qué?
für was?
Wozu?

Nada importante.
nichts wichtiges
Unwichtig.

Me pregunto qué hago por aqui.
mich frage was (ich)mache durch hier
Ich frage mich, was ich hier soll.

No me importa.
nicht mich angeht
Ich bin nicht scharf drauf.

No me interesa.
nicht mich interessiert
Nicht interessiert.

enttäuscht sein

Estoy desengañado.
(ich)bin enttäuscht
Ich bin enttäuscht.

Tuve mala pata/suerte.
(ich)hatte schlechte Pfote/Glück
Ich hatte Pech.

¡Qué lástima!
Wie schade!

No valió la pena.
nicht lohnt die Mühe
Es hat sich nicht gelohnt.

Si lo hubiese sabido ...
wenn es (ich)hätte gewußt ...
Wenn ich das gewußt hätte ...

No puedes hacer nada.
nicht (du)kannst machen nichts
Da kann man nichts machen.

Angst haben

Tengo miedo.
(ich)habe Angst
Ich habe Angst.

Estoy intranquilo.
(ich)bin unruhig
Ich bin beunruhigt.

Tengo un poco de miedo.
(ich)habe ein wenig Angst
Ich habe ein bißchen Angst.

Estoy cagado.
(ich)bin beschissen
Ich habe Schiß.

sich sorgen

Me preocupo.
mich sorge
Ich mache mir Sorgen.

Estoy nervioso.
(ich)bin nervös
Ich bin nervös.

Me inquieto por ...
mich beunruhige durch ...
Ich bin wegen ... beunruhigt.

Estoy un poco inquieto.
(ich)bin ein wenig unruhig
Ich bin etwas beunruhigt.

Mitleid haben

Te compadezco.
dich (ich)bedaure
Du tust mir leid.

¡No tienes suerte!
nicht (du)hast Glück
Da hattest du Pech!

¡Mi pobre!
Mein Armer/meine Arme!

¿Tienes mala suerte, verdad?
(du)hast schlechtes Glück, Wahrheit?
Pech gehabt, was?

No quisiera estar en tu lugar.
nicht (ich)möchte sein an deiner Stelle
Möchte nicht an deiner Stelle sein.

Me lo puedo imaginar bien.
mir es (ich)kann vorstellen gut
Das kann ich mir gut vorstellen.

Puedo entenderlo bien.
(ich)kann verstehen-es gut
Ich kann dich gut verstehen.

Tengo compasión contigo.
(ich)habe Mitleid mit-dir
Ich habe Mitleid mit dir.

trösten

Hay algo peor.
gibt's etwas schlechteres
Es gibt Schlimmeres.

No es tan grave.
nicht ist so schwer
Das ist doch nicht so schlimm.

Todo se arreglará.
alles sich wird-regeln
Das wird schon wieder.

No te alteres por eso.
nicht dich ärgere durch dies
Mach dich nicht verrückt.

No hay razón de alterarse.
nicht gibt's Grund von aufregen-sich
Kein Grund, sich aufzuregen.

sich verteidigen

¡Déjame tranquilo/tranquila!
laß mich ruhig (m/f)!
Laß mich in Ruhe!

¡Déjame en paz!
Laß-mich in Frieden!
Laß mich in Frieden!

¡Vete!
geh-dich!
Hau ab!

¡Vete al infierno!
geh-dich zur Hölle!
Geh zur Hölle!

¡Cierra la boca!
schließ den Mund!
Halt's Maul!

¡Cállate!
beruhige-dich!
Sei still!

¿Quieres una bofetada?
(du)willst eine Ohrfeige?
Willst du eine Ohrfeige?

¡Te doy una torta!
dir (ich)gebe eine Torte!
Ich hau dir gleich eine runter!

einen Rat geben

Si estuviera en tu lugar...
wenn (ich)wäre in dein Ort ...
Ich an deiner Stelle ...

Te aconsejo ...
dir (ich)rate ...
Ich rate dir ...

¡No vaciles!
nicht zögere!
Mach's doch!

Sería un error si ...
(es)wäre ein Irrtum wenn ...
Es wäre ein Fehler, wenn ...

Sería mejor ...
(es)wäre besser ...
Es wäre besser ...

No te preocupes.
nicht dich sorge
Mach dir keine Sorgen.

¡Adelante!
vorwärts!
Na los!

No medites tanto.
nicht nachdenke soviel
Überleg nicht so lange.

No te quiero dar consejos, pero ...
nicht dir (ich)will geben Ratschläge aber ...
Ich will dir ja keine Ratschläge geben, aber ...

sich beklagen

Voy a quejarme.
(ich)gehe zu beschweren-mich
Ich werde mich beschweren.

¡Ahora exageras!
jetzt (du)übertreibst!
Jetzt übertreibst du aber!

No tiene el derecho de ...
nicht (er)hat das Recht von ...
Sie haben kein Recht zu ...

¡Oye!
hör!
Hör mal!

¡Es una vergüenza!
(es)ist eine Scham!
Das ist eine Schande!

¿Te burlas de mí?
dich (du)spottest von mir?
Machst du dich über mich lustig?

¡No es admisible!
nicht (es)ist zulässig!
Das ist unerhört!

Es suficiente.
ist ausreichend
Das reicht.

¡Una vida de mierda!
eine Leben von Scheiße!
So ein Scheißleben!

¡Este coche de porquería!
dieser Wagen von Schweinerei!
Dieser Mistwagen!

¡Es el colmo!
ist der Gipfel!
Das ist die Höhe!

Eso sobrepasa todos los límites.
dies überschreitet alle die Grenzen
Das geht jetzt aber wirklich zu weit.

jemanden anrempeln

¿Le he hecho daño?
ihm (ich)habe gemacht Schaden?
Habe ich Ihnen weh getan?

Lo siento de veras, señor.
es (ich)fühle von wahr Herr
Es tut mir sehr leid, mein Herr.

No lo había visto.
nicht es (ich)hatte gesehen
Ich hatte Sie nicht gesehen.

No se preocupe.
nicht sich Sorgen-macht
Machen Sie sich keine Sorgen.

No ha sido nada.
nicht hat gewesen nichts
Es ist ja nichts gewesen.

Lo siento en el alma.
es (ich)fühle in der Seele
Es tut mir in der Seele weh.

Señorita, la he pisado sin querer.
Fräulein, Sie (ich)habe getreten ohne wollen
Mein Fräulein, ich habe Sie aus Versehen getreten.

zugeben

Confieso que ...
(ich)zugebe daß ...
Ich gebe zu, daß ...

Reconozco que es verdad.
(ich)anerkenne daß ist Wahrheit
Ich gebe zu, es ist wahr.

Es cómo lo ha dicho.
ist wie er hat gesagt
Es ist, wie Sie sagen.

Hay que confesar ...
man muß zugeben ...
Ich muß zugeben ...

¡Ay! Es así.
Au! ist so
Tja, das stimmt.

beurteilen

Quiero mucho a ...
(ich)will viel zu ...
Ich mag ... sehr gerne.

Pienso que ...
(ich)denke daß ...
Ich glaube, daß ...

Odio a ...
(ich)hasse zu ...
Ich hasse ...

Eso me conviene.
das mir paßt
Es paßt mir.

... me gusta.
... mir gefällt
... gefällt mir.

Adoro a ...
(ich)verehre zu ...
Ich habe ... sehr gerne.

Tengo horror de ...
(ich)habe Abscheu von ...
Ich hasse ...

Vale la pena.
lohnt die Mühe
Es lohnt sich.

Es divertido/-a. Es (m/f) ist lustig.
Es anticuado/-a. Das (m/f) ist veraltet.
Es horrible. Das ist schrecklich.
Es feo/fea. Er/Sie ist häßlich.
Es loco/loca. Er/Sie ist (immer) verrückt.
Está loco/loca. Er/Sie ist (momentan) verrückt.

Es tonto/tonta. Er/Sie ist doof .
Es dulce. Er/Sie ist süß.
Es listo/lista. Er/Sie ist schlagfertig.
Es gracioso/graciosa. Er/Sie ist witzig.
Es lindo/linda. Er/Sie ist hübsch.
Es amable. Er/Sie ist nett.

Sympathie

Eres simpático. Du bist sympathisch.
Eres magnífico. Du bist toll.

Eres un tipo agradable.
(du)bist ein Typ angenehm
Du bist ein netter Typ.

Me gustas.
mir gefällst
Du gefällst mir.

Te quiero.
dich (ich)liebe
Ich mag/liebe dich.

Es una mujer estupenda.
(sie)ist eine Frau toll
Sie ist eine super Frau.

Antipathie

No lo/la aguanto.
nicht ihn/sie (ich)ertrage
Ich kann ihn (sie) nicht leiden.

No lo/la quiero.
nicht ihn/sie (ich)liebe
Ich mag ihn (sie) nicht.

Me es antipático/-a.
mir ist unsympathisch
Er/Sie ist mir unsympathisch.

No puedo soportarlo/-a.
nicht (ich)kann ertragen-ihn/sie
Ich kann ihn/Sie nicht ertragen.

Es imbécil.
Er/Sie ist bescheuert.

Es aburrido/aburrida.
Er/Sie ist langweilig.

No me toques el nervio.
nicht mir berühre den Nerv
Geh mir nicht auf die Nerven.

Es extravagante.
Er/Sie ist ausgeflippt.

lieben

Estoy loco por él/ella/tí.
(ich)bin verrückt von er/sie/dir
Ich bin verliebt in ihn/sie/dich.

Es amor a primera vista.
ist Liebe von erste Sicht
Es ist Liebe auf den ersten Blick.

Es la gran pasión.
ist die große Leidenschaft
Ich bin verrückt nach ihm/ihr/dir.

Me enamoré.
mich verliebte
Ich habe mich verliebt.

Te quiero mucho.
dich (ich)liebe viel
Ich liebe dich sehr.

Me dejó.
mich ließ
Er/Sie hat mich verlassen.

Me abandonó.
mich verließ
Er/Sie hat mich verlassen.

Está jugando con mis sentimientos.
(er/sie)ist spielend mit meinen Gefühlen
Er/Sie spielt mit meinen Gefühlen.

allgemeine Floskeln

¿Permiso?	Gestatten Sie?
¡Salud!	Gesundheit! Prost!
Adelante.	Herein. Vorwärts.
Gracias.	Danke.
Muchas gracias.	Vielen Dank.
No gracias.	Nein danke.
Por favor. (für Gefallen)	Bitte.
Tenga.	Bitte (nehmen Sie).
¿Cómo ha dicho?	Wie bitte?
A ver ...	Mal sehen ...
¡Por fin!	Na endlich!
¿Qué hay?	Was gibt's?
Imagínate ...	Stell dir vor ...
Etcétera ...	Und so weiter ...
Es decir ...	Das heißt ...
Y además ...	Und außerdem ...
Por otro lado ...	Auf der anderen Seite ...

De otra manera ...	Andererseits ...
Si es así ...	Wenn das so ist ...
En una palabra ...	Kurz gesagt ...
Bueno ...	Na gut ...
¡Oye!	Hör mal! Sag mal!
¿Oyes?	Hörst du?
Oiga.	Hören Sie.
¡Hombre!	Mensch!

Hinweisschilder

ABIERTO	Geöffnet
CABALLEROS	Herren
CAJA	Kasse
CALIENTE	heiß
CERRADO	Geschlossen
COMPLETO	Kein Platz mehr, Ausverkauft
CUIDADO CON EL PERRO	Bissiger Hund
EMPUJAR	Drücken
ENTRADA	Eingang
ENTRADA LIBRE	Freier Eintritt
FRÍO	Kalt
LIBRE	Frei
NO TOCAR	Nicht berühren
OCUPADO	Besetzt
PELIGRO DE MUERTE	Lebensgefahr
PLAYA	Strand
PROHIBIDO BAÑARSE	Baden verboten
PROHIBIDO ESCUPIR	Spucken verboten
PROHIBIDO EL PASO	Durchgang verboten
PROHIBIDO FUMAR	Rauchen verboten
PROHIBIDA LA ENTRADA	Kein Eingang
VENTA	Verkauf
SALIDA	Ausgang
SE VENDE	zu verkaufen
SE ALQUILA	zu vermieten
SEÑORAS	Frauen
SERVICIOS	Toiletten
TIRAR	Ziehen

Bekanntschaften machen

So könnte ein erster Dialog aussehen:

Hola. ¿Eres extranjero, verdad?
hallo (du)bist ausländisch Wahrheit?
Hallo. Du bist Ausländer, nicht wahr?

Sí, soy alemán.
ja (ich)bin deutsch
Ja, ich bin Deutscher.

Y ¿de dónde vienes?
und von wo (du)kommst?
Und woher kommst du?

Soy de Essen.
(ich)bin von Essen
Ich komme aus Essen.

Yo soy andaluza, pero vivo en Zaragoza.
ich bin andalusisch aber (ich)lebe in Zaragoza
Ich bin Andalusierin, aber ich wohne in Zaragoza.

Ah, lo veo ...
ah es (ich)sehe ...
Ich verstehe ...

Me llamo O'Niel, ¿y tú?
mich (ich)nenne O'Niel und du?
Ich heiße O'Niel, und du?

Yo soy Maria José.
Ich bin Maria José.

¿Trabajas o estudias?
(du)arbeitest oder studierst?
Arbeitest du oder studierst du?

Trabajo en una tienda.
(ich)arbeite in eine Geschäft
Ich arbeite ich einem Laden.

Pues, yo soy estudiante de medicina.
dann ich bin Student von Medizin
Also, ich studiere Medizin.

Wie heißt Du?

Am besten ist es, man ist offen und unkompliziert. Fragen Sie einfach nach dem Namen oder stellen Sie sich selber vor:

Me llamo Sabine.
mich (ich)rufe Sabine
Ich heiße Sabine.

Y tú, ¿cómo te llamas?
und du wie dich rufst?
Und wie heißt du?

Mi nombre es O'Niel.
Mein Name ist O'Niel.

Y éste es mi amigo Uwe.
Und dies ist mein Freund Uwe.

Y ésta es mi amiga Roxy.
Und dies ist meine Freundin Roxy.

Mucho gusto.
viel Gefallen
Angenehm.

El gusto es mío.
der Gefallen ist meiniges
Ganz meinerseits.

Tú eres Silvia, ¿verdad?
du bist Silvia Wahrheit?

No, yo soy Andrea.
nein ich bin Andrea

¿Cúal es tu apellido?
welcher ist dein Nachname?
Wie heißt du mit Nachnamen?

Mi apellido es López.
mein Nachname ist López

Dime, ¿sabes quién es esa señorita/ese muchacho?
sag-mir (du)weißt wer ist jene Fräulein/jener junger Mann?
Sag mal, weißt du wer das Fräulein/der junge Mann ist?

No, no lo sé.
nein nicht es (ich)weiß
Nein, das weiß ich nicht.

Creo que es Maria.
(ich)glaube daß ist Maria
Ich glaube, das ist Maria.

nombre (m)	Vorname
apellido (m)	Nachname
amigo (m)	Freund
amiga (f)	Freundin
encantado/encantada	sehr erfreut (m/f)

in der Disco

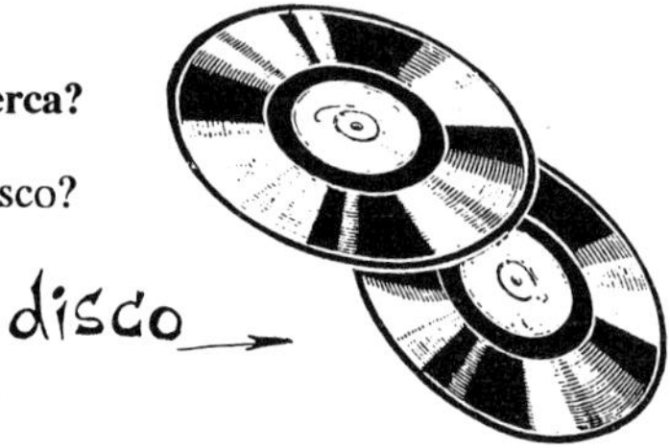

¿Hay una discoteca por aquí cerca?
gibt's eine Disco für hier nahe?
Gibt's hier in der Nähe eine Disco?

Conozco una buena discoteca.
(ich)kenne eine gute Disco
Ich kenne eine gute Discothek.

¿Quieres bailar?
(du)möchtes tanzen?
Möchtest du tanzen?

No sé bailar.
nicht (ich)weiß tanzen
Ich kann nicht tanzen.

Con mucho gusto.
mit viel Vergnügen
Sehr gerne.

¡Déjame en paz!
laß-mich in Frieden!
Laß mich in Ruhe!

No gracias.
Nein danke.

¡Sí, claro!
Na klar!

¿Por qué no?
Warum nicht?

¿Vamos a bailar otra vez?
(wir)gehen zu tanzen anderes Mal?
Tanzen wir nochmal?

¿Quieres que te enseñe un baile fantástico?
(du)möchtest daß dir (ich)zeige ein Tanz phantastisch?
Soll ich dir mal einen phantastischen Tanz beibringen?

¿Qué haces después de la fiesta?
was (du)machst nach von das Fest?
Was machst du nach der Fete?

Te acompaño a casa.
dich (ich)begleite nach Haus
Ich begleite dich noch nach Hause.

an der Theke

¿Quieres tomar algo?
(du)willst nehmen etwas?
Möchtest du etwas trinken?

Te invito a una copita.
dich (ich)einlade zu eine Gläßchen
Ich lade dich zu einem Gläschen ein.

¿Tomamos otra bebida?
(wir)nehmen andere Getränk?
Nehmen wir noch einen Drink?

Pago todo junto.
(ich)zahle alles zusammen

¿Vienes a menudo por aquí?
(du)kommst oft für hier?
Kommst du oft her?

(**menudo** heißt klein,
a menudo heißt oft.)

Cada dia, sábado, semana.
jede/n Tag, Samstag, Woche

¿Estás aquí por primera vez?
(du)bist hier für erstes Mal?
Bist du das erste Mal hier?

¿Estás sola/solo?
(du)bist alleine (m/f)?
Bist du alleine hier?

Claro que sí/no.
klar daß ja/nein
Natürlich (nicht).

rauchen

¿Le molesta que fume?
ihm belästigt daß (ich)rauche?
Stört es Sie, wenn ich rauche?

No, en absoluto.
Nein, gar nicht.

Sí, naturalmente.
Ja, natürlich.

¿Me puede dar fuego, por favor?
mir (er)kann geben Feuer für Gefallen?
Könnten Sie mir bitte Feuer geben?

Lo siento mucho, pero no fumo.
es (ich)fühle viel aber nicht rauche
Es tut mir leid, aber ich rauche nicht.

Le agradecería que esperara un poco, ...
ihm würde-danken daß (er)wartete ein wenig ...
Ich wäre Ihnen dankbar, wenn Sie ein wenig warten ...

... porque no me encuentro muy bien.
... weil nicht mich finde sehr gut
... weil ich mich nicht so gut fühle.

¿Le importaría abrir un poco la ventanilla?
ihm wäre-wichtig öffnen ein wenig das Fenster?
Würden Sie bitte ein wenig das Fenster öffnen?

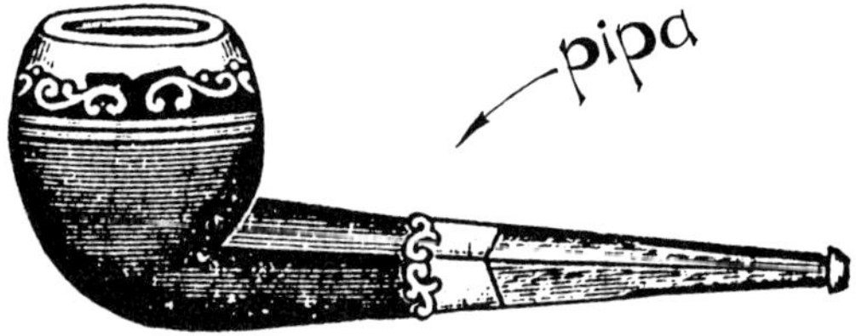

Eingeladen sein

Wer allein oder zu zweit reist, dem kann es passieren, daß man ihn zum Essen einlädt. Als Mitbringsel eignen sich nicht so sehr Blumen, wohl aber Süßigkeiten oder Kleinigkeiten für die Kinder.

Selbst ein einfaches Essen besteht immer aus mehreren Gängen, mit denen man "gemästet" wird. Damit der Koch/die Köchin nicht den Eindruck bekommt, daß es nicht schmeckt, sollte man sich mindestens zweimal etwas auffüllen. Das ist in Spanien durchaus üblich und kommt einem Lob der Köchin/des Kochs gleich.

Zum Mittagessen wird meist Rotwein getrunken, aber es steht auch immer Wasser bereit. Auf den Tisch gehört eine Schale Brot oder es liegt ein Baguette da, von dem sich jeder ein Stück abbrechen kann.

Das nächste Kapitel zeigt die typischen Gesprächsthemen bei so einer Einladung, nämlich Alter, Familie und Beruf.

Alter

¿Cuántos años tienes/tiene?
wieviele Jahre (du)hast/(er)hat?
Wie alt bist du/sind Sie?

Tengo 20 años.
(ich)habe 20 Jahre
Ich bin 20.

No lo digo.
nicht es (ich)sage
Das sage ich nicht.

A ver si lo adivinas.
zu sehen ob es (du)rätst
Mal sehen, ob du es rätst.

¿Cuántos años le das?
wieviele Jahre ihm (du)gibst?
Für wie alt hältst du ihn?

Te doy treinta años.
dir (ich)gebe 30 Jahre
Ich schätze dich auf 30.

Casi ...
Fast ...

Más o menos ...
mehr oder weniger ...
Ungefähr ...

Parece más joven.
(er/sie)scheint mehr jung
Er/Sie sieht jünger aus.

Familie

¿Cuántos hermanos tienes tú?
wieviele Geschwister hast du

Tengo sólo un hermano.
(ich)habe nur ein Bruder
Ich habe nur einen Bruder.

Se llama Emilio.
sich ruft Emilio
Er heißt Emilio.

¡Ah sí! Ahora me acuerdo.
ach ja jetzt mich (ich)erinnere
Ach ja, jetzt erinnere ich mich.

Es él que vive en Zaragoza.
ist der welcher lebt in Zaragoza
Das ist doch der, der in Zaragoza wohnt.

¿Cuándo vuelve tu marido?
wann zurückkommt dein Ehemann?
Wann kommt dein Mann zurück?

¿Estás casado?
(du)bist verheiratet?
Bist du verheiratet?

Sí.
ja
Ja.

¿Tienes hijos?
(du)hast Kinder?
Hast du Kinder?

Tengo una hija.
(ich)habe eine Tochter
Ich habe eine Tochter.

No estoy casado/-a.
nicht (ich)bin verheiratet (m/f)
ich bin nicht verheiratet.

¿Y tú?
und du?
Und du?

Tampoco.
auch nicht

¿Y tus padres viven todavía?
und deine Eltern leben noch?

Sí, claro.
ja klar
Klar.

Siento que no puedas conocerlos.
bedaure daß nicht (du)kannst kennen sie
Leider lernst du sie nicht kennen.

Tanto mejor que así estaremos solos.
soviel besser daß so wir-werden-sein alleine
Um so besser, dann sind wir ja alleine.

hermano/hermana	Bruder/Schwester
padre/madre	Vater/Mutter
tío/tía	Onkel/Tante
sobrino/sobrina	Neffe/Nichte
primo/prima	Cousin/Cousine
hijo/hija	Sohn/Tochter
casado/-a	verheiratet (m/f)
soltero/-a	ledig (m/f)
marido/esposa	Ehemann/Ehefrau

Berufe

¿Qué profesión tiene/tienes?
was Beruf (er)hat/(du)hast?
welchen Beruf haben Sie/hast du?

¿Qué estudias?
was (du)studierst?
Was studierst du?

Todavía voy a la escuela.
noch (ich)gehe zu die Schule
Ich gehe noch zur Schule.

Soy ... (ich) bin

Läßt man die männlichen Berufsbezeichnungen auf **-a** enden, so werden sie weiblich:
ingeniera (Ingenieurin), **profesora** (Lehrerin)

parado	arbeitslos
obrero	Arbeiter
empleado	Angestellter
pensionado	Rentner
ama de casa	Hausfrau
estudiante	Student
ingeniero	Ingenieur
profesor	Lehrer, Dozent
secretaria	Sekretärin
comerciante	Händler
negociante	Geschäftsmann
médico	Arzt
enfermera	Krankenschwester
mecánico	Mechaniker
panadero	Bäcker
carpintero	Tischler
peluquero	Friseur
guardia	Polizist
técnico	Techniker

Einkaufen

¿En qué puedo servirle?
in was (ich)kann dienen-ihm?
Womit kann ich Ihnen dienen?

¿Tienen ustedes el disco "Black out" de Scorpions?
haben die Platte "Black out" von Scorpions?

No, no lo tengo.
nein nicht es (ich)habe
Nein, die habe ich nicht.

¿Y "Tokyo tapes"?
und "Tokyo tapes"?

Sí, señor.
ja Herr
Ja, mein Herr.

Ese sí lo tenemos.
dies (wir)haben
Diese haben wir.

Aquí está.
hier ist
Hier ist sie.

¿Cuánto cuesta?
wieviel kostet
Wieviel kostet das?

1.600 pesetas.
1.600 Peseten

Necesito comprar un traje ligero.
(ich)brauche kaufen ein Anzug leicht
Ich möchte einen leichten Anzug kaufen.

¿De qué color lo desea?
von was Farbe es (Sie)wünschen?
Welche Farbe hätten Sie gerne?

De un color claro.
von ein Farbe klar
Eine helle Farbe bitte.

Esto (no) me gusta.
dies (nicht) mir gefällt
Dies gefällt mir (nicht).

Su medida es 50, ¿verdad?
ihre Größe ist 50 Wahrheit?

No, creo que es 52.
nein (ich)glaube das ist 52
Nein, ich glaube das ist 52.

¿Qué precio tiene?
welchen Preis (er)hat?
Wie teuer ist das?

Es demasiado ... Es ist zu ...

caro	teuer	**corto**	kurz
pequeño	klein	**largo**	lang
grande	groß	**oscuro**	dunkel
ancho	weit	**claro**	hell

Einkaufsliste

pulsera	Armband
pila	Batterie
bombilla	Glühbirne
sello	Briefmarke
libro	Buch
película de diapositivas	Diafilm
abrelatas (m)	Dosenöffner
cenicero	Aschenbecher
película	Film
cinturón	Gürtel
vaqueros (tejanos) (pl)	Jeans
peine (m)	Kamm
vela	Kerze
sacacorchos (m)	Korkenzieher
esparadrapo	Pflaster
disco	Platte
postal (f)	Postkarte
anillo	Ring
crema bronceadora	Sonnencreme
aceite bronceador (m)	Sonnenöl
mapa (m) **de la ciudad**	Stadtplan
cerillas (pl)	Streichhölzer
papel (m) **higiénico**	Toilcttenpapier
papel crep (m)	Toilettenpapier

reloj (m)	Uhr
pañales (pl)	Windeln
pasta de dientes	Zahnpasta
periódico	Zeitung
adaptador (m)	Zwischenstecker

an der Reihe sein

Lo siento, pero ahora me toca a mí.
es (ich)fühle aber jetzt mich (er)stößt zu mir
Tut mir leid, aber jetzt bin ich dran.

Llevo media hora esperando.
(ich)trage halbe Stunde wartend
ich warte schon seit einer halben Stunde.

Ah perdone, pensaba que me tocara a mí.
ah entschuldige (ich)dachte daß mich stößt zu mir
Entschuldigung, ich dachte, ich wäre dran.

auf dem Markt

Hier ist ein typisches Marktgespräch. Man kann versuchen zu handeln, wird aber nur selten Erfolg haben.

¡Buenas!
gute!
Tag!

¡Buenas!
gute!
Tag!

¿Cómo está?
wie ist?
Wie geht's?

Bien, como siempre.
gut wie immer
Gut, wie immer.

¿Qué quiere?
was (Sie)wollen?
Was möchten Sie?

Quiero comprar manzanas y patatas.
(ich)will kaufen Äpfel und Kartoffeln
Ich möchte Äpfel und Kartoffeln.

¿A cuánto están esas manzanas verdes?
zu wieviel sind diese Äpfel grüne?
Wieviel kosten diese grünen Äpfel?

Cien pesetas el kilo.
hundert Peseten zum Kilo
Ein Kilo hundert Peseten.

¿Y las patatas?
und die Kartoffeln?
Und die Kartoffeln?

Veinte pesetas el kilo.
zwanzig Peseten zum Kilo
Zwanzig Peseten das Kilo.

Entonces déme un kilo de manzanas y dos de patatas.
dann (Sie)geben-mir ein Kilo von Äpfel und 2 von Kartoffeln
Dann bitte ein Kilo Äpfel und zwei Kilo Kartoffeln.

A ver ... son ciento cuarenta pesetas en total.
zu sehen ... sind hundert vierzig Peseten in ganz
Mal sehen ... Macht 140 Peseten zusammen.

¡Oh, demasiado caro!
Oh, zu teuer!

Solamente tengo 125 pesetas.
nur habe 125 Peseten
Ich habe nur 125 Peseten.

Soy un pobre estudiante ...
(ich)bin ein armer Student ...
Ich bin nur ein armer Student ...

Bueno, déme 125.
gut geben-mir 125
Na gut, geben Sie mir 125.

Usted es muy amable.
Sie sind sehr freundlich.

Adiós.
Tschüß.

Lebensmittel

Apfel	**manzana**
Apfelsine	**naranja**
Banane	**plátano**
Brot	**pan** (m)
Brötchen	**panecillo**
belegtes Brot	**bocadillo**
Butter	**mantequilla**
Ei	**huevo**
Eis	**helado**
Gurke	**pepino**
Hähnchen	**pollo**
Kaffee	**café** (m)
Käse	**queso**
Kekse	**galletas**
Kopfsalat	**lechuga**
Kuchen, Torte	**tarta**
Milch	**leche** (m)
Pfeffer	**pimienta**
Saft	**jugo**
Salat	**ensalada**
Schokolade	**chocolate** (m)
Schinken	**jamón** (m)
Tee	**té** (m)
Wurst	**salchichón** (m)
Würstchen	**salchicha**
Zitrone	**limón** (m)
Zucker	**azúcar** (m)

Essen und Trinken

im Restaurant

Es gibt mehrere Möglichkeiten, sich in Spanien zu verpflegen. Die "**restaurantes**" tragen viele verschiedene Bezeichnungen, von denen ich die häufigsten erkläre:

- **Albergue de Carretera:**
  Sie steht an vielen der größeren Landstraßen. Man kann dort essen und übernachten.
- **American Bar/Bar Americano:**
  Ein Nachtklub, wo man meist nur alkoholische Getränke zu sich nimmt.
- **Bar:**
  Straßencafé, wo man frühstückt, einen Kaffee oder eine Cola trinkt oder eine Kleinigkeit ißt.
- **Bodega:**
  Das ist eine einfach eingerichtete Weinstube.
- **Café - Cafeteria:**
  Man bekommt hier Eis, Kaffee und alle anderen Getränke, aber keinen Kuchen.
- **Comida:**
  Hier bekommt man einfache Gerichte.
- **Fonda:**
  Ein Landgasthof, in dem man gutbürgerlich und reichhaltig speisen kann.
- **Horchatería:**
  Hier gibt es nur Erfrischungsgetränke.
- **Hostal (Hostería, Hostelería):**
  Eine volkstümlich aufgemachte Gaststätte mit Spezialitäten der lokalen Küche.

●**Pastelería - Confitería:**
Dies sind Konditoreien, wo man auch einen Kaffee trinken kann; kommen nur in größeren Städten vor.

●**Posada:**
Landgaststätte, die hauptsächlich regionale Spezialitäten biete.

●**Refugio de montaña:**
Kommen in Berggegenden vor. Man bekommt hier ein einfaches, aber sehr gutes Essen.

●**Taberna:**
Entspricht etwa unserer "Kneipe", aber es gibt hier eine große Auswahl an kleinen Appetithäppchen, sog. "**tapas**".

●**Tasca:**
Auch hier gibt es **tapas** und vor allem regionale Spezialitäten.

●**Venta:**
Dies ist ein antik und volkstümlich eingerichtetes Speiselokal.

Spanische Spezialitäten

●**Tapas**

In jedem typischen Restaurant bekommt man kleine, auf Zahnstokker aufgespießte Stückchen Fleisch, Wurst, Käse, Muscheln, Schinken, Fisch usw. als Appetithäppchen. Die **tapas** ißt man meistens stehend an der Theke. Einige Beispiele:

●**Pinchos** - verschiedene Fleischarten mit Zwiebeln, Paprika und Pilze gegrillt.

●**Albóndigas** - gut gewürzte kleine Fleischklößchen.

●**Empanadillas** - mit Fisch oder Fleisch gefüllte kleine Pasteten.

●**Buñuelitos** - in Fett Gebackenes, mit Ei, Fisch oder Schinken gefüllt.

●Sopa de ajo
Die berühmte Knoblauchsuppe mit gebratenen Brotstückchen und Paprika. Wird als Vorspeise gegessen.

●Tortilla
Dieses Omelett gibt es in zwei Arten: aufgerollt (**francesa**) oder rund und flach (**española**).

●Huevos al nido - Eigelb in weichen kleinen Brötchen gebraten und dann mit Eiweiß überdeckt.

●Huevos al trote - gekochte Eier mit Thunfisch gefüllt und mit Mayonaise serviert.

●Paella
Typisches Reisgericht auf einer flachen Metallplatte gekocht. Es besteht aus Fleisch, Hähnchen, Meeresfrüchten und mit Safran gelb gefärbtem Reis.

●Paella catalana - Schweinefilet, Wurst, Tintenfisch, rote Paprika, Erbsen und Tomaten.

●Paella alicantina - Fisch, Artischocken, Tomaten, Zwiebeln und grüne Paprika.

●Paella zamorrana - Schweinefleisch,Schweinepfötchen,Schinken und rote Paprika.

●Menestra de pollo
Eintopfgericht aus Hähnchen und Gemüse.

●Pimientos a la riojana
Mit Hackfleisch gefüllte rote Paprikaschoten.

bestellen

¿Puedo ver la carta?
kann sehen die Karte?
Kann ich die Karte bekommen?

¿Tiene usted ... ?
Haben Sie ... ?

¿Qué quieren/desean/toman?
Was wollen/möchten/nehmen Sie?

Quiero / Quisiera
(ich)will / (ich)möchte

Tomo
(ich)nehme/trinke

Tomaré ...
(ich)werde-nehmen/trinken ...

Tomaremos ...
(wir)werden-nehmen/trinken ...

Quiero ...
(ich)möchte ...

Queremos ...
(wir)nehmen ...

Deme ...
Geben (Sie)mir ...

Denos ...
Geben (Sie)uns ...

¿A qué hora cierra?
zu was Stunde (er)schließt?
Wann schließen Sie?

¿A qué hora empieza a servir la cena?
zu was Stunde (er)anfängt zu servieren die Abendessen?
Ab wann wird das Abendessen serviert?

¿Podría traerme/traernos ... ?
(Sie)könnten mir/und bringen ... ?

Quisiera una mesa para dos, tres, cuatro, seis.
(ich)möchte eine Tisch für 2, 3, 4, 6 (Personen)

Tráigame por favor ...
(Sie)bringen-mir für Gefallen ...

un pollo asado	ein Hähnchen
patatas fritas	Pommes Frites
un helado de fresa	ein Erdbeereis
una naranjada	einen Orangensaft
un bisté	ein Steak
unos pasteles	Pasteten, Gebäck
sopa de tomate	Tomatensuppe

Me falta ... Mir fehlt ...

el cuchillo	das Messer
el tenedor	die Gabel
el plato	der Teller
el vaso	das Glas
la cuchara	der Löffel
la servilleta	die Serviette

bei Tisch

Pásame ... por favor.
Gib mir ... bitte.

¿Quieres ... ?
Möchtest du ... ?

el pan	das Brot
el queso	der Käse
el azúcar	der Zucker
la sal	das Salz
la pimienta	der Pfeffer
la ensalada	der Salat
la mantequilla	die Butter
la leche	die Milch

¿Te gusta ... ? Gefällt/Schmeckt dir ... ?

esta cena	dies Abendessen
esta comida	dies Essen
este almuerzo	dies Mittagessen
este desayuno	dies Frühstück
este plato	dies Gericht
este restaurante	dies Restaurant

Me gustan mucho ...	Mir schmecken sehr ...
estos emparedados	diese Sandwiches
estos bocadillos	diese belegten Brote
estos postres	dieser Nachtisch
estos legumbres	dies Gemüse
estas ensaladas	diese Salate
estas frutas	dies Obst
estas sopas	diese Suppen

Este ... está delicioso.	Dieser ... schmeckt gut.
filete	Filet
cordero	Lamm
arroz	Reis

Esta ... está deliciosa.	Diese ... schmeckt gut.
ensalada	Salat
sopa	Suppe
fruta	Obst

im Café

una taza de ...	eine Tasse
una botella de ...	eine Flasche
un vaso de ...	ein Glas
bocadillo de queso	Käse-Baguette
... jamón (m)	Schinken- ...
... huevo	Ei- ...
... atún (m)	Thunfisch- ...
helado de fresa	Erdbeereis
... chocolate	Schokoladeneis
... vainilla	Vanilleeis
jugo de manzana	Apfelsaft
cerveza	Bier
coca (cola = Schwanz!)	Cola
jugo de fruta	Fruchtsaft
ginebra	Gin
café (solo) (m)	Kaffee (schwarz)
chocolate (m)	Kakao
coñac (m)	Kognac
(con/sin) leche (f)	(mit/ohne) Milch
batido	Milchshake
agua mineral	Mineralwasser
jugo de naranja	Orangensaft
té	Tee
agua tónica	Tonic
vodca	Vodka
wiskey	Whiskey
(con/sin) azúcar (m)	(mit/ohne) Zucker

zahlen

Queremos pagar.
(wir)wollen zahlen
Wir möchten zahlen.

¿Pagan juntos?
(sie)zahlen zusammen?
Zahlen Sie zusammen?

Wenn Sie mit spanischen Freunden im Café oder Restaurant gewesen sind, zahlt zuerst nur einer. Die anderen geben ihm dann soviel, wie sie meinen, verzehrt zu haben. Das genaue getrennte Abrechnen ist nicht üblich und deshalb sollte man auch nicht auf getrennte Rechnungen bestehen. Man gibt dem Kellner Trinkgeld, auch wenn Bedienungsgeld schon im Preis enthalten ist.

¿Cuánto es?
wieviel ist?
Was macht das?

La cuenta, por favor.
die Rechnung für Gefallen

¿El servicio está incluido?
der Service ist inbegriffen?
Ist die Bedienung inbegriffen?

Quédese con la vuelta.
bleib mit die Wechselgeld
Behalten Sie den Rest.

Eso es para usted.
das ist für Sie

reklamieren

Esto no es lo que he pedido.
das nicht ist das was (ich)habe gebeten
Das habe ich nicht bestellt.

¿Puede cambiarme esto?
(er)kann wechseln-mir dies?
Können Sie mir das umtauschen?

Está demasiado dulce/salado/amargo.
(er/sie)ist zu süß/salzig/bitter

Toilette & Co.

¿Hay por aquí un servicio público?
gibt's für hier ein Toilette öffentlich?
Gibt es eine öffentliche Toilette hier in der Nähe?

¿Dónde están los servicios?
Wo sind die Toiletten?

Perdone, ¿dónde está el lavabo?
Entschuldigung, wo ist die Toilette?

¿Puede darme papel higiénico/papel crepé?
(er)kann geben-mir Papier hygienisches/Papier krepp?
Können Sie mir Toilettenpapier geben?

El sifón del retrete no funciona.
der Spülung vom Klo nicht funktioniert
Die Spülung geht nicht.

Falta jabón y una toalla.
(Es)fehlt Seife und ein Handtuch.

CABALLEROS	Herren
SEÑORAS	Damen
OCUPADO	Besetzt
LIBRE	Frei

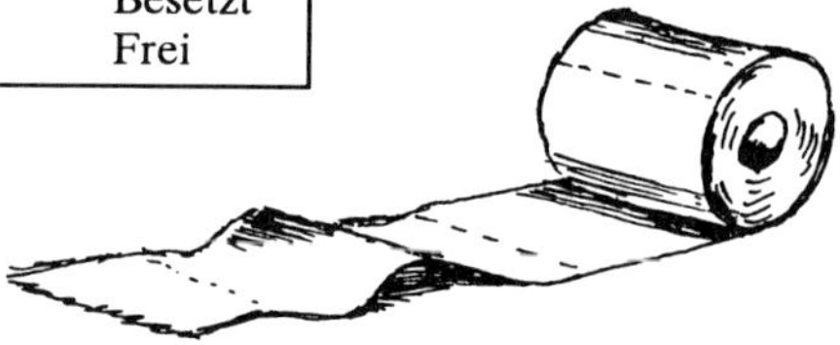

Unterwegs ...

... in der Stadt

¿Puede decirme dónde está la universidad?
(er)kann sagen-mir wo ist die Universität?
Können Sie mir sagen, wo die Universität ist?

Oiga por favor, ¿hay un banco por aquí cerca?
hören(!) für Gefallen, gibt's ein Bank für hier nahe?
Hören Sie bitte, gibt es hier in der Nähe eine Bank?

Perdone, ¿para ir a la estación?
verzeihen, für gehen zu die Bahnhof?
Verzeihung, wo geht's hier zum Bahnhof?

¿Dónde se encuentra la oficina de correos?
wo sich befindet die Büro von Post?
Wo befindet sich die Post?

primero	zuerst
después	dann
luego	später
al final	schließlich

la primera calle	1. Straße
la segunda ...	2. Straße
la tercera ...	3. Straße
la última ...	letzte Straße

coja	nehmen Sie	**coge**	nimm
tome	nehmen Sie	**toma**	nimm
gire	biegen Sie ab	**gira**	biege ab
siga	gehen Sie weiter	**sigue**	geh weiter
cruce	überqueren Sie	**cruza**	überquere
vaya	gehen Sie	**ve**	geh

Está ...	Es ist ...
a la derecha.	rechts.
a la izquierda.	links.
todo recto.	geradeaus.
aquí/ahí/allí	hier/da/dort.
al lado de ...	neben ...
cerca.	nahe.
lejos.	weit weg.
al fondo.	da hinten.
al final de ...	am Ende von ...

Viele Geschäfte haben einen Namen mit der Endung **-ería.**
So wird aus z.B. **zapato** (Schuh) **zapatería** (das Schuhgeschäft).

avenida	Allee
ayuntamiento	Rathaus
bar (m)	Café/Restaurant
barrio	Stadtteil
bodega	Weinstube
camino	Weg
capital (f)	Hauptstadt
carnicería	Fleischerei
carretera	Autobahn
centro	Zentrum
cine	Kino
ciudad (f)	Stadt
embajada	Botschaft
escuela	Schule
farmacia	Apotheke
iglesia	Kirche
jardín botánico	Botanischer Garten
lavandería	Wäscherei
librería	Bücherladen
mercado	Markt
panadería	Bäckerei
papelería	Schreibwaren
pueblo	Dorf
tienda	Laden
zapatería	Schuhgeschäft

Post/Bank

Quisiera dos sellos para cartas a Alemania.
(Ich) möchte 2 Briefmarken für Briefe nach Deutschland.

¿Cuánto cuesta una postal a Alemania/Suiza/Austria?
Wievielkostet eine Postkarte nach Deutschland/Schweiz/Österreich?

¿Dónde puedo comprar sellos?
wo (ich)kann kaufen Briefmarken?
Wo kann ich Briefmarken kaufen?

En el estanco.
In dem Tabakladen.

¿Dónde puedo llamar por teléfono, por favor?
wo (ich)kann rufen für Telefon für Gefallen?
Wo kann ich bitte mal telefonieren?

Quiero cambiar cien marcos en pesetas.
(ich)möchte wechseln 100 Mark in Peseten
Ich möchte 100 Mark in Peseten umtauschen.

Quiero 5000 (en) pesetas.
(ich)möchte 5000 (in) Peseten
Ich möchte 5000 Peseten.

¿Cuánto es en marcos alemanes?
wieviel ist in Mark deutsche?
Wieviel ist das in DM?

eine Unterkunft suchen

¿Hay ... ?	Gibt es ... ?
¿Tiene usted ... ?	Haben Sie ... ?
Quisiera ...	Ich möchte ...
Quisieramos ...	Wir möchten ...
una habitación	ein Zimmer
dos habitaciones	zwei Zimmer
con baño	mit Bad
con ducha	mit Dusche
con dos camas	mit zwei Betten
con agua corriente	mit fließendem Wasser
con televisión/radio	mit Fernseher/Radio
Sólo una noche.	Nur eine Nacht.
Para unos dias.	Für einige Tage.
Para una semana	Für eine Woche.

No sé hasta cuándo me voy a quedar.
nicht (ich)weiß bis wann mich (ich)gehe zu bleiben
Ich weiß noch nicht, wie lange ich bleiben werde.

¿Cuánto cuesta ... ?	Wieviel kostet es ... ?
... por dormir y desayunar	... für Übernachtung u. Frstk.
... por pensión completa	... für Vollpension?
... por noche	... pro Nacht?
... por semana	... pro Woche?
Es demasiado caro.	Es ist zu teuer.
No me gusta.	Das gefällt mir nicht.

¿Puedo ver la habitación?
(ich)kann sehen die Zimmer?
Kann ich das Zimmer sehen?

Muy bien, la tomaré.
sehr gut, sie nehmen-werde
Gut, ich werde es nehmen.

auf dem Lande

altiplano	Hochebene	**dunas**	Düne
animal (m)	Tier	**meseta**	Hochebene
árbol (m)	Baum	**nadar**	schwimmen
arena	Sand	**norte** (m)	Norden
bosque (m)	Wald	**oeste** (m)	Westen
cabaña	Hütte	**ola**	Welle
caminar	gehen	**pampa**	Grasebene
campo	Feld	**piscina**	Schwimmbad
catarata	Wasserfall	**playa**	Strand
costa	Küste	**punta**	Spitze
cueva	Höhle	**río**	Fluß
este (m)	Osten	**sierra**	Gebirgskette
flor (f)	Blume	**sombra**	Schatten
hacienda	Farm	**subir**	heraufsteigen
isla	Insel	**sur** (m)	Süden
lago	See	**vacaciones**	Ferien
mar (f oder m)	Meer	**valle** (m)	Tal

das Wetter

In vielen Redewendungen zur Angabe des Wetters wird das Wort "**hacer**" (machen) gebraucht.

Hace calor.
(es)macht Wärme
Es ist warm.

Hace frio.
(es)macht Kälte
Es ist kalt.

Hace sol.
(es)macht Sonne
Die Sonne scheint.

Hace buen tiempo.
(es)macht gut Wetter
Es ist gutes Wetter.

Hace mal tiempo.
(es)macht schlecht Wetter
Es ist schlechtes Wetter.

Hace viento.
(es)macht Wind
Es ist windig.

Hace aire.
(es)macht Luft
Es ist windig.

Llueve mucho.
(Es)regnet viel.

Llovió un poco.
(Es)regnete ein bißchen.

En invierno nieva algunas veces.
im Winter (es)schneit einige Male
Im Winter schneit es manchmal.

Hace treinta grados a la sombra.
(es)macht 30 Grad zu die Schatten
Es ist 30 Grad im Schatten.

Hace dos grados sobre/bajo cero.
(es)macht 2 Grad über/unter Null
Es ist 2 Grad über/unter 0.

Für die Vergangenheit gebrauche "**hacía**" anstatt "**hace**":
Hacía sol. = Die Sonne schien.

... mit öffentlichen Verkehrsmitteln

Busse, die zur nächsten Stadt oder noch weiter fahren, halten hauptsächlich am örtlichen Busbahnhof. Man kann in diesen Bussen selbst keine Fahrkarten kaufen, sondern muß sie sich (am besten einen Tag vorher) am Schalter besorgen. Oft sind die Karten numeriert und werden ausgerufen. Wichtig deshalb, die Zahlen zu kennen!

Quiero un billete para Barcelona.
(ich)möchte ein Fahrschein für Barcelona
Ich möchte eine Karte nach Barcelona.

¿Para cuándo?
Für wann?

¿A qué hora?
Um wieviel Uhr?

¿Qué clase?
Welche Klasse?

El próximo autobús.
der nächste Bus
Für den nächsten Bus.

Para las ocho de la tarde.
für die acht von die Nachmittag
Für 8.00 Abends.

Un billete de ida y vuelta a Madrid, por favor.
ein Karte von Fahrt und Rückkehr nach Madrid für Gefallen
Eine Rückfahrkarte nach Madrid bitte.

¿Cuánto cuesta el viaje a Toledo?
Wieviel kostet die Fahrt nach Toledo?

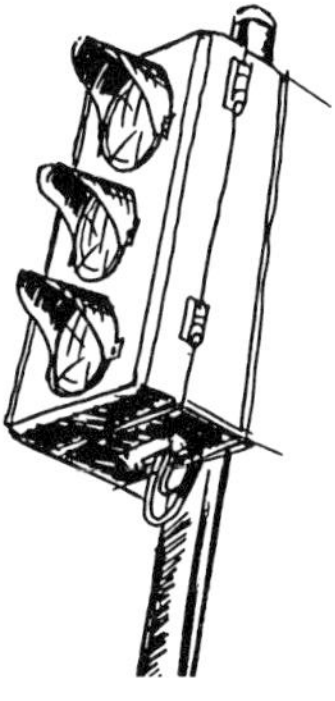

¿Dónde tengo que cambiar de tren?
wo (ich)habe daß wechseln von Zug?
Wo muß ich umsteigen?

¿Dónde puedo comprar los billetes?
wo (ich)kann kaufen die Karten?
Wo kann ich die Fahrkarten kaufen?

¿Hay que sacar un suplemento para este tren?
gibt's daß ziehen ein Zuschlag für diesen Zug?
Muß man Zuschlag für diesen Zug zahlen?

¿Dónde hay una ventanilla?
Wo gibt's einen Kartenschalter?

agotado	ausverkauft	**maleta**	Koffer
aeropuerto	Flughafen	**moto** (f)	Motorrad
asiento	Sitzplatz	**ocupado**	besetzt
avión (m)	Flugzeug	**parada**	Haltestelle
barco	Schiff	**peaje** (m)	Gebühren, Maut
bicicleta	Fahrrad	**precio**	Preis
billete	Fahrkarte	**primera**	erste
camión (m)	Lastwagen	**puerto**	Hafen
clase (f)	Klasse	**rebaja**	Ermäßigung
coche (m)	Wagen	**salida**	Abfahrt
equipaje (m)	Gepäck	**segunda**	zweite
esperar	warten	**sólo ida**	nur Hinfahrt
estación (f)	Bahnhof	**Talgo**	Schnellzug
ida y vuelta	Hin- u. Rückf.	**tren** (m)	Zug
libre	frei	**ventana**	Fenster
llegada	Ankunft	**ventanilla**	Schalter
lleno	voll	**viaje** (m)	Reise

... im eigenen Wagen

eje (m)	Achse
arranque (m)	Anlasser
tubo de escape	Auspuff
batería	Batterie
intermitente (m)	Blinker
freno	Bremse
empaquetadura	Dichtung
gasóleo (m)	Diesel
repuesto, recambio	Ersatzteil
filtro	Filter
marcha	Gang
acelerador (m)	Gaspedal
transmisión (f)	Getriebe
cable (m)	Kabel
correa	Keilriemen

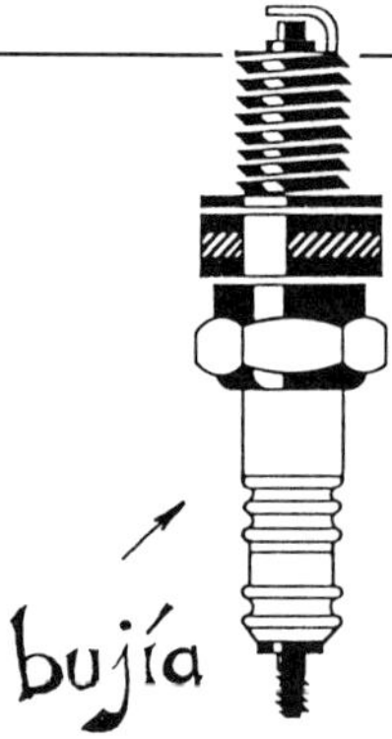

radiador (m)	Kühler
embrague (m)	Kupplung
luces	Lampe
volante (m)	Lenkrad
dinamo (f)	Lichtmaschine
filtro de aire	Luftfilter
gasolina	Normalbenzin
aceite	Öl
bomba (de gasolina)	(Benzin-) Pumpe
rueda	Rad
neumático	Reifen
cambio de marchas	Schaltung
manguera	Schlauch
destornillador (m)	Schraubenzieher
fusible (m)	Sicherung
amortiguador (m)	Stoßdämpfer
válvula	Ventil
carburador (m)	Vergaser
agua	Wasser
bujía	Zündkerze

Panne

Por favor, llame a la policía.
für Gefallen, rufen zu die Polizei
Rufen Sie bitte die Polizei.

Tuve un accidente.
(ich)hatte einen Unfall
Ich hatte einen Unfall.

¿Puede ayudarme ... ?
(er)kann helfen-mir?
Können Sie mir helfen?

¿Puede remolcarme?
(er)kann abschleppen-mich?
Können Sie mich abschleppen?

Pienso que el/la ... no funciona bien.
(ich)glaube daß der/die ... nicht funktioniert gut
Ich glaube, der/die ... funktioniert nicht richtig.

¿Puede arreglar el/la ... ?
(er)kann reparieren der/die ... ?
Können Sie den/die ... reparieren?

¿Cuánto me va a costar?
wieviel mir geht zu kosten?
Wieviel wird das kosten?

¿Sabe usted dónde hay un puesto de gasolina?
wissen Sie wo gibt's ein Stelle von Benzin?
Wissen Sie, wo es hier eine Tankstelle gibt?

¿Hay un taller de reparaciones por aquí cerca?
gibt's ein Werkstatt von Reparaturen für hier nahe?
Gibt es hier in der Nähe eine Reparaturwerkstatt?

Übrigens, verwechseln Sie nicht die beiden ähnlich klingenden Wörter **gasóleo** (Diesel) und **gasolina** (Benzin)!!

Verkehrsschilder

Die eigentlichen Verkehrsschilder sind die gleichen wie bei uns in Deutschland. Zusätzlich kann aber auch eines der folgenden Schilder angebracht worden sein.

ADUANA	Zoll
AL PASO	Schritt fahren
AUTOPISTA	Autobahn
CALZADA DETERIORADA	Fahrbahnschäden
CALZADA ESTRECHA	verengte Fahrbahn
CALZADA RESBALADITA	Schleudergefahr
CEDA EL PASO	Vorfahrt gewähren
CURVA PELIGROSA	gefährliche Kurve
DESPACIO	langsam
DESVIACIÓN	Umleitung
DIRECCIÓN OBLIGATORIA	Einbahnstraße
ESCUELA	Schule
ESTACIONAMIENTO PROHIBIDO	Parkverbot

OBRAS	Baustelle
PARE (oder) **ALTO**	anhalten
PASO A NIVEL	Bahnübergang
PEAJE	Autobahngebühr
PROHIBIDO EL PASO	Einfahrt verboten
PROHIBIDO ADELANTAR	Überholverbot
SALIDA DE FÁBRICA	Fabrikausfahrt

Da in vielen Städten und Dörfern die Straßen sehr schmal sind, hat man das **Parkverbot** auf eine Straßenseite beschränkt. Meist stehen unter dem "Halteverbotzeichen" Zahlen, die sich auf das Datum beziehen: 1 - 15 heißt "in der ersten Monatshälfte darf auf dieser Straßenseite nicht geparkt werden" und auf der anderen Straßenseite steht entsprechend 16 - 31.

Krank sein

Es empfiehlt sich natürlich nicht, im Urlaub krank zu werden. Sollte es doch passieren, dann fragt man zuerst:

¿Dónde hay una farmacia/un médico/un hospital?
Wo gibt's eine Apotheke/einen Arzt/ein Krankenhaus?

¿Habla usted alemán?
Sprechen Sie Deutsch?

Me ha picado ...
Mich hat ... gestochen.

Me ha mordido ...
Mich hat ... gebissen.

... una medusa	eine Qualle
... una avispa	eine Wespe
... un mosquito	eine Mücke
... una serpiente	eine Schlange
... un perro	ein Hund
... una abeja	eine Biene

Necesito algo contra ...
Ich brauche etwas gegen ...

... los dolores	Schmerzen
... los dolores de cabeza	Kopf schmerzen
... las náuseas	Übelkeit
... la tos	Husten
... la fiebre	Fieber
... quemaduras del sol	Sonnenbrand
... picaduras	Insektenstiche

Me duele aquí.
mich (es)schmerzt hier
Hier tut es weh.

Me duelen los ojos.
mir schmerzen die Augen

Me siento mareado.
mich (ich)fühle schwindelig
Mir ist schwindelig.

Tengo dolores de estómago/cabeza/espalda.
(ich)habe Schmerzen von Magen/Kopf/Rücken
Ich habe Magen-, Kopf-, Rückenschmerzen.

Me corté el dedo.
mich (ich)schnitt der Finger
Ich habe mir in den Finger geschnitten.

Me quemé aquí.
mich brannte hier
Ich habe mich hier verbrannt.

Me caí.
mich fiel
Ich bin hingefallen.

Me resbalé.
mich ausglitt
Ich bin ausgerutscht.

Necesito un recibo y un diagnóstico detallado para mi seguro.
(ich)brauche ein Quittung und ein Diagnose ausführlich für mein Versicherung
Ich brauche eine Quittung und einen Diagnosebericht für meine Versicherung.

Zahnarzt

Tengo dolor de muelas.
(ich)habe Schmerzen von Backenzähne
Ich habe Zahnschmerzen.

Por favor, no me lo saque.
für Gefallen, nicht mir ihn ziehen
Bitte nicht ziehen.

Por favor, déme una inyección.
für Gefallen, geben-Sie-mir eine Spritze
Bitte eine Spritze.

No quiero una inyección.
nicht (ich)will eine Spritze
Ich möchte keine Spritze.

dentista (m)	Zahnarzt
médico internista (m)	Internist
ginecólogo	Frauenarzt
dermatólogo	Hautarzt
cirujano	Chirurg
oculista (m)	Augenarzt
otorrinolaringólogo	Hals-Nasen-Ohrenarzt
receta	Rezept
comprimido	Tablette
gotas (pl)	Tropfen
supositorio	Zäpfchen
farmacia	Apotheke
hospital (m)	Krankenhaus
accidente (m)	Unfall

Anhang

Lateinamerikanisches Spanisch

Die **Anrede** ist sehr verschieden: In Lateinamerika wird weder das normale du noch das ihr gebraucht.

Deutschland	Spanien	Lateinamerika
du singst	**tú cantas**	**vos cantás**
ihr singt	**vosotros cantáis**	**ustedes cantan**

Auch in der **Aussprache** gibt es Unterschiede.

z und **c** (bei **ce, ei**) — Eu. oft wie englisches "**th**"
Am. immer wie deutsches "ß"

ll und **y** vor Vokal — Eu. wie normales "**j**"
Am. wie "**sch**" in Dschungel

s und **z** am Wortende — Am. nur flüchtig gehaucht
feliz (glücklich) *felih*
estoy (ich bin) *ehtoi*

Und schließlich gibt es auch im **Wortschatz** viele Unterschiede, besonders bei Ausdrücken des täglichen Lebens.

Wer nach Lateinamerika fährt, dem empfehle ich den Band 5 der Kauderwelsch-Reihe "Spanisch für Lateinamerika". Er geht auf die konkrete Situation des Reisens und Sprechens in der Neuen Welt ein und ist dort entschieden brauchbarer. Außerdem gibt es zu vielen lateinamerikanischen Staaten spezielle Kauderwelsch-Bände, siehe nächste Seite.

Warum Spanisch für die Staaten Lateinamerikas?

Spanisch ist die offizielle Landessprache von 18 Staaten Lateinamerikas. Jedoch unterscheidet sich das Spanisch der Neuen Welt, genauer gesagt das **Castellano** – also jene Sprache, die ursprünglich in Kastilien gesprochen wurde –, von dem Spanisch Spaniens. Einer der hervorstechendsten Unterschiede ist beispielweise die in der Umgangssprache übliche Anrede mit **vos** (du), das sogar eine eigene Verbform besitzt.

Darüber hinaus haben sich in jedem lateinamerikanischen Land mit Castellano als Landessprache spezifische Besonderheiten herausgebildet, die nicht nur die Aussprache betreffen, sondern vor allem den Wortschatz und einige grammatikalische Details. Hinzu kommt der Einfluß von Indiosprachen, die je nach Verbreitung die jeweilige Landessprache bereichert haben.

In vielen vergleichbaren Situationen drückt sich ein Venezolaner also anders aus als ein Guatemalteke, ein Argentinier anders als ein Mexikaner oder ein Chilene.

Die Kauderwelsch-Bände für die Staaten Lateinamerikas tragen diesen Feinheiten und sprachlichen Besonderheiten Rechnung. Sie richten sich sowohl an diejenigen, die noch keine Spanisch-Vorkenntnisse haben, als auch an jene, die vor allem etwas über typische Bezeichnungen und Ausdrucksweisen der entsprechenden Staaten wissen möchten, um sich im jeweiligen Land adäquat zu verständigen.

Kauderwelsch-Bände für Lateinamerika:

Spanisch für

Lateinamerika, Argentinien, Costa Rica, Chile, Ecuador, Guatemala, Honduras, Mexiko, Venezuela

In Vorbereitung:

Spanisch für

Cuba, Dominikanische Republik, Nicaragua, Panama

Wörterliste Deutsch-Spanisch

Dieses Wörterverzeichnis ist kein vollständiges Lexikon, sondern ein Grundwortschatz. Es enthält die 1.000 wichtigsten und häufigsten spanischen Wörter. Wenn Sie diese alle oder zum größten Teil können, wird sie keiner mehr für einen Anfänger halten.

Hauptwörter auf **-o** sind männlich (m), auf **-a** weiblich (f), auf **-s** Mehrzahl (pl). In Zweifelsfällen ist immer m, f oder pl angegeben.

A

Abendbrot – **cena**
aber – **pero**
abholen – **recoger**
Absicht – **intención, f**
Abteil – **departamento**
Achtung – **cuidado**
Adresse – **señas**
ähnlich – **parecido**
alle – **todos**
Allee – **avenida**
alles zusammen – **en total**
allgemein – **general**
also – **pues**
alt – **viejo; antiguo**
Ampel – **semáforo**
Ananas – **piña**
Andenken – **recuerdo**
andere – **otro**
anders – **de otra manera**
anfangen – **empezar**
angenehm – **agradable**
Angestellter – **empleado**
anhalten – **parar**
ankommen – **llegar**
anpassen – **probarse**
anschalten – **encender**
anschauen – **mirar**
antworten – **contestar**
anziehen – **ponerse**
Anzug – **traje, m**
Apfel – **manzana**
Apotheke – **farmacia**
arbeiten – **trabajar**
Arbeiter – **obrero**
Arbeit – **trabajo**
arm – **pobre**
Art – **especie, f**
Arzt – **médico**
Aschenbecher – **cenicero**
auch – **también**
auch nicht – **tampoco**
auf – **sobre**
auf diese Weise – **de esta manera**
aufhören – **dejar de; terminar**
aufräumen – **arreglar**
aufschreiben – **apuntar**
aufstehen – **levantarse**

aufwachen – **despertarse**
Aufzug – **ascensor, m**
Auge – **ojo**
Ausflug – **excursión, f**
ausführen – **exportar**
Ausgang – **salida; éxito**
ausgeben – **gastar**
ausgezeichnet – **excelente**
ausländisch – **extranjero**
ausschalten – **apagar**
Aussehen – **aspecto**
außen – **fuera**
außerdem – **además**
aussteigen – **bajar**
ausziehen – **quitarse**
Auto – **coche, m**
Autobahn – **autopista**

B

Bademantel – **albornoz, m**
baden – **bañarse**
Badezimmer – **baño**
Bäckerei – **panadería**
Bahnhof – **estación, f**
Bahnsteig – **andén, m**
bald – **pronto**
Ball – **pelota**
Banane – **plátano**
Bank – **banco**
Baum – **árbol, m**
bedauern – **sentir**
Bedingung – **condición, f**
begrüßen – **saludar**
bekannt – **conocido**
bekommen – **recibir**
belästigen – **molestar**
belegtes Brot – **bocadillo**
bemerken – **darse cuenta**
Benzin – **gasolina**
bequem – **cómodo**
Berg – **montaña**
berühmt – **famoso**
berühren – **tocar**
besonders – **especial**
besser – **mejor**
Besteck – **cubierto**
besuchen – **visitar**
betrunken – **borracho**
Bett – **cama**
Bettlaken – **sábana**
bevor – **antes de**
Bewohner – **habitante, m**
bezahlen – **pagar**
Bier – **cerveza**
Bild – **cuadro**
Bild – **dibujo**
billig – **barato**
Birne – **pera**
bis – **hasta**
bitte – **por favor**
bitten – **pedir**
Blatt – **hoja**
blau – **azul**
bleiben – **quedarse**
Bleistift – **lápiz**
blond – **rubio**
Blume – **flor, f**
Boden – **suelo**
böse werden – **enfadarse**

Bohne – **judía**
Botschaft – **consulado**
Bratpfanne – **sartén, f**
brauchen – **necesitar**
braun – **marrón**
brechen – **romperse**
breit – **ancho**
Brief – **carta**
Briefmarke – **sello**
Brille – **gafas**
bringen – **traer**
Brot – **pan, m**
Bruder – **hermano**
Brücke – **puente, m**
Buch – **libro**
Büro – **oficina; despacho**
Bürste – **cepillo**
Burg – **castillo**
Bus – **autobús, m**
Butter – **mantequilla**

C & D

Café – **bar, m**
Chef – **jefe, m; patrón, m**
da – **ahí**
Dame – **señora**
damit – **para que**
danke – **gracias**
dann – **entonces; pues**
das da – **eso; aquello**
dasselbe – **lo mismo**
das was – **lo que**
das Wichtigste – **lo más importante**
daß – **que**
dauern – **tardar**
Dauerwelle – **permanente, f**
Decke – **manta**
dein – **tu**
den ganzen Tag – **todo el día**
deutlich – **distinto**
deutsch – **alemán**
Dezember – **diciembre, m**
dich – **te**
dick – **gordo**
Dienstag – **martes, m**
dies – **esto**
dir – **te**
Donnerstag – **jueves, m**
doppelt – **doble**
Dorf – **pueblo**
dort – **allí**
Dose – **lata**
drinnen – **dentro**
dunkelbraun – **moreno**
Durst – **sed, f**
Dusche – **ducha**
du – **tú**

E

echt – **auténtico**
Ehemann – **marido**
Eigentümer – **dueño**
Ei – **huevo**
Eile – **prisa**
Eimer – **bote, m**
Eindruck – **impresión, f**
einfach – **sencillo**

einführen – **importar**
Eingang – **entrada**
einige – **unos**
einladen – **invitar**
einsteigen – **subir**
Eintritt – **entrada**
Eintrittskarte – **billete, m**
einverstanden – **de acuerdo; vale**
einziger – **único**
Eis – **helado**
Eltern – **padres**
empfehlen – **recomendar**
endlich – **por fin; en fin**
eng – **estrecho**
englisch – **inglés**
Entschuldigung – **perdón**
enttäuscht – **desilusionado**
entzückt – **encantado**
er – **él**
Erbse – **guisante, m**
Erdbeere – **fresa**
Erfahrung – **experiencia**
Erfolg – **éxito**
Erfrischung – **refresco**
erklären – **explicar**
erlauben – **permitir**
erster – **primero**
erzählen – **contar**
es gibt – **hay**
essen – **comer**
es stellt sich heraus – **resulta que**
Etage – **piso**
etwas – **algo**
etwas tun werden – **ir a ...**
euch – **os**
euer – **vuestro**
europäisch – **europeo**

F

fahren – **conducir**
Fahrkarte – **billete, m**
fallen – **caer**
Familienname – **apellido**
Farbe – **color, m**
Februar – **febrero**
fehlen – **faltar**
fein – **fino**
Feld – **campo**
Fenster – **ventana**
Ferien – **vacaciones**
Fernsehen – **televisón, f**
Fett – **grasa**
feucht – **húmedo**
Feuer – **fuego**
Fieber – **fiebre, f**
Film – **película**
finden – **encontrar**
Finger – **dedo**
Fisch – **pescado**
Fischgeschäft – **pescadería**
Flasche – **botella**
Fleisch – **carne, f**
Flughafen – **aeropuerto**
Flugzeug – **avión, m**
Fluß – **río**
folgend – **siguiente**
folgen – **seguir**
Foto – **foto, f**
Fräulein – **señorita**

fragen – **preguntar**
Frau – **mujer, f**
frei – **libre**
Freitag – **viernes, m**
fremd – **extranjero**
Freude – **alegría**
Freund – **amigo**
Freundin – **amiga**
Friseur (Laden) – **peluquería**
Frühling – **primavera**
Frühstück – **desayuno**
frühstücken – **desayunar**
früh – **temprano**
fühlen – **sentirse**
Führerschein – **carnet de conducir, m**
für – **para**
funktionieren – **funcionar**
Fußball – **fútbol, m**
Fuß – **pie, m**

G

Gabel – **tenedor, m**
ganz – **todo; entero**
Garage – **garaje, m**
Garten – **jardín, m**
Gast – **huésped, m**
gebacken – **frito**
Gebäude – **echar**
geben – **dar**
geboren werden – **nacer**
gebraten – **asado**
Geburtstag – **cumpleaños, m**
gefährlich – **peligroso**
Gefallen – **favor**
gefallen – **gustar**
Gegend – **región, f**
gegenüber (von) – **enfrente (de)**
Geheimnis – **secreto**
gehen – **ir**
gelb – **amarillo**
Geld – **dinero**
Gelegenheit – **oportunidad, f**
Gemüse – **verdura**
genügend – **suficiente**
genug – **bastante**
Gepäckaufbewahrung – **consigna**
gerade getan haben – **acabar de**
Geschäft – **tienda**
Geschenk – **regalo**
Geschirr – **platos**
Geschmack – **gusto**
Gesicht – **cara**
gestern – **ayer**
gestern abend – **anoche**
gesund – **sano**
Gesundheit – **salud, f**
Gewerkschaft – **sindicato**
Gewicht – **peso**
gewinnen – **ganar**
Gitarre – **guitarra**
Glas – **copa; vaso;** (Material) **vidrio**
glauben – **creer**
gleich – **igual**
Glück – **suerte, f**
glücklich – **feliz**
Glückwunsch – **felicidades**
Gott – **Dios**

Gramm – **gramo**
gratulieren – **felicitar**
grau – **gris**
grausam – **cruel**
groß – **grande**
Größe – **tamaño**
grün – **verde**
Grund – **razón**
Gruppe – **grupo**
Gruß – **recuerdo**
Gürtel – **cinturón, m**
gut – **bueno;** (Adverb) **bien**

H

Haar – **pelo**
haben – **tener**
Hähnchen – **pollo**
Hälfte – **mitad, f**
häßlich – **feo**
Hafen – **puerto**
halb – **medio**
hallo – **hola**
Haltestelle – **parada**
handeln von – **tratar de**
Hand – **mano, f**
Handtuch – **toalla**
hart – **duro**
Hauptgewinn – **gordo**
Hauptstadt – **capital, f**
Haus – **casa**
Haut – **piel, f**
heiß – **caliente**
heißen – **llamarse**
Heizung – **calefacción, f**
helfen – **ayudar**
Hemd – **camisa**
herausnehmen – **sacar**
Herbst – **otoño**
herein – **adelante**
Herr – **señor, m; caballero**
Herz – **corazón, f**
herzlich – **afectuoso**
heute – **hoy**
hier – **aquí**
Hinfahrt – **ida**
hinter – **detrás de**
Hitze – **calor, m**
hoch – **alto**
Hochzeit – **boda**
höflich – **cortés**
hoffentlich – **ojalá**
hören – **oir**
Holz – **madera**
Honig – **miel, f**
Hose – **pantalón, m**
hübsch – **bonito; guapo**
Hund – **perro**
Hunger – **hambre, f (el)**
Hut – **sombrero**

I

ich – **yo**
ihr (besitzanzeigend) – **su**
ihr – **vosotros**
immer – **siempre**
in – **en**
inbegriffen – **incluido**
innerhalb – **dentro**

Insel – **isla**
Interview – **entrevista**
irgendein – **algún**

J

Jacke – **chaqueta**
Jahr – **año**
Januar – **enero**
ja – **sí**
jeder – **cada**
jemand – **alguien**
jener – **aquel**
jetzt – **ahora**
jung – **joven**
Junge – **chico**

K

kämpfen – **luchar**
Käse – **queso**
Kaffee – **café, m**
kalt – **frío**
Kamm – **peine, m**
kaputt – **roto; estropeado**
Kartoffel – **patata**
Katze – **gato**
kaufen – **comprar**
kaum – **apenas**
keine Ursache – **de nada**
keiner – **ninguno**
Kellner – **camarero; mozo**
kennen – **conocer**
Kerze – **vela**
Kind – **niño; niña**
Kino – **cine, m**
Kirche – **iglesia**
Kiste – **caja**
klar – **claro**
Kleidung – **ropa**
Kleid – **vestido**
klein – **pequeño**
Kneipe – **taberna**
Knie – **rodilla**
König – **rey, m**
können – **poder**
Koffer – **maleta**
kommen – **venir; llegar**
Konsulat – **consulado**
Kopf – **cabeza**
kosten – **costar**
Kotlett – **chuleta**
krank – **enfermo; malo**
Krankenhaus – **hospital, m**
Kuchen – **pastel, m**
Küche – **cocina**
Kühlschrank – **frigorífico; nevera**
Kugelschreiber – **bolígrafo**
Kuh – **vaca**
Kuß – **beso**
Küste – **costa**

L

lachen – **reir**
Laden – **tienda**
Lärm – **ruido**
Lampe – **lámpara**

Land – **país, m**
Landschaft – **paisaje**
Landstraße – **carretera**
Landwirtschaft – **agricultura**
lang – **largo**
langsam – **despacio; lento**
langweilig – **aburrido**
lassen – **dejar**
laut – **alto**
Lebensmittel – **comestibles**
Leben – **vida**
leben – **vivir**
Leder – **piel, f**
leer – **vacío**
legen – **poner**
Lehrgang – **curso**
leicht – **fácil;** (Gewicht) **ligero**
leider – **desgraciadamente**
lernen – **aprender; estudiar**
lesen – **leer**
letzter – **último**
Leute – **gente, f**
Licht – **luz, f**
lieben – **querer**
liebenswürdig – **amable**
lieb – **querido**
Lied – **canción, f**
links – **a la izquierda**
Lippenstift – **barra de labios**
Liter – **litro**
Löffel – **cuchara**
Lösung – **solución, f**
Luft – **aire, m**
Lust – **ganas**

M

machen – **hacer**
Mädchen – **chica**
Mahlzeit – **comida**
malen – **pintar**
mal sehen – **a ver**
Mal – **vez, f**
manchmal – **a veces**
man muß – **hay que**
Mantel – **abrigo**
Markt – **mercado**
Marmelade – **mermelada**
Maschine – **máquina**
Meer – **mar, f oder m**
Mehl – **harina**
mehr – **más**
mehr als – **más que**
mein – **mi**
Meinung – **opinión, f**
Mensch – **hombre, m**
Menü – **menú, m**
Messer – **cuchillo**
Metzgerladen – **carnicería**
mich – **me**
mieten – **alquilar**
Migräne – **jaqueca**
Milch – **leche, f**
mindestens – **por lo menos**
mir – **me**
mit – **con**
mit dir/mir – **contigo/conmigo**
mitbringen – **llevar**
mitnehmen – **llevarse**
Mittagsruhe/-schlaf – **siesta**

Mittwoch – **miércoles, m**
Möbel – **muebles**
möglich – **posible**
Monat – **mes, m**
morgen – **mañana**
Motorrad – **moto, f**
müde – **cansado**
Mühe – **pena**
müssen – **tener que; deber**
Museum – **museo**
Mutter – **madre, f**

N

nach – **a**
nachdem/nachher – **después**
Nachmittag – **tarde, f**
Nachricht – **noticia**
Nachtisch – **postre, m**
Nacht – **noche, f**
nächste – **próximo**
Nagel – **clavo**
nahe – **cerca**
Name – **nombre, m**
neben – **junto a; al lado de**
nehmen – **tomar; coger**
nein – **no**
neu – **nuevo**
nicht – **no**
nicht mehr – **ya no**
nichts – **nada**
niedrig – **bajo**
niemand – **nadie**
nie – **nunca**
noch – **todavía**
nochmal – **otra vez**
Norden – **norte, m**
notwendig – **necesario**
nur – **sólo; solamente**

O

ob – **si**
oben – **arriba**
Obst – **fruta**
Obstladen – **frutería**
öffnen – **abrir**
Öl – **aceite**
oft – **a menudo**
ohne – **sin**
Ohr – **oreja**
Onkel – **tío**
Ostern – **Pascuas**

P

Paket – **paquete, m**
Papier – **papel, m**
parken – **aparcar**
Park – **parque, m**
Parkplatz – **aparcamiento**
Partei – **partido**
passieren – **pasar**
Paß – **pasaporte, m**
Pesete – **peseta**
Petersilie – **perejil, m**
Pfeffer – **pimienta**
Pfirsich – **melocotón, m**
Platte – **disco**

Plattenspieler – **tocadiscos, m**
Platz – **plaza; sitio**
plaudern – **charlar**
Polizist – **guardia (civil)**
Post – **Correos, m**
Postkarte – **tarjeta postal, f**
Preis – **precio**
probieren – **probar**
Prost – **salud, f**
Prozent – **por ciento**
Prüfung – **examen, m**
Pullover – **jersey, m**
Puppe – **muñeca**

Q & R

Quelle – **fuente, f**
Radio – **radio, f**
rauchen – **fumar**
raufgehen – **subir**
rausgehen – **salir**
Rechnung – **cuenta**
Recht – **razón**
rechts – **a la derecha**
rechtzeitig – **a tiempo**
Regierung – **gobierno**
regnen – **llover**
reichen – **bastar**
reich – **rico**
reingehen – **entrar**
reinigen – **limpiar**
reinstecken – **meter**
Reis – **arroz, m**
Reise – **viaje, m**
reisen – **viajar**
reparieren – **reparar; arreglar**
Restaurant – **restaurante, m**
Rezept – **receta**
Richtung – **dirección, f**
Rock – **falda**
Rollfilm – **carrete, m**
rot – **rojo**
Rückfahrt – **vuelta**
rufen – **llamar**
ruhig – **tranquilo**
rund – **redondo**

S

Sache – **cosa**
Saft – **jugo**
sagen – **decir**
Sahne – **crema**
Salat – **ensalada**
Salz – **sal, f**
Samstag – **sábado**
sauber – **limpio**
schade – **lástima**
Schaden – **daño**
scharf – **picante**
Schatten – **sombra**
Scheck – **cheque, m**
Scheibe – **rodaja**
scheinen – **parecer**
Scheinwerfer – **faro**
Scheiße – **mierda**
schicken – **mandar**
schießen – **tirar**
Schiff – **barco**
Schinken – **jamón, m**

schlafen – **dormir**
schlafen gehen – **irse a la cama**
Schlafzimmer – **dormitorio**
Schlag – **golpe, m**
schlecht/schlechter – **mal/peor**
schließen – **cerrar**
Schloß – **castillo**
Schlüssel – **llave, f**
schmal – **estrecho**
schmecken – **gustar**
Schmerz – **dolor, m**
schmutzig – **sucio**
Schnee – **nieve, f**
schneien – **nevar**
schnell – **rápido;**
(Adverb) **de prisa**
Schnitzel – **filete, m**
Schokolade – **chocolate, m**
schon – **ya**
schon gut – **está bien**
Schrank – **armario**
schreiben – **escribir**
schreien – **gritar**
Schublade – **cajón**
Schuh – **zapato**
Schuld – **culpa**
Schule – **escuela;**
(höhere Schule) **colegio**
Schüler – **alumno**
Schwanz – **cola**
schwarz – **negro**
schwer – **grave;**
(Gewicht) **pesado**
Schwester – **hermana**
schwierig – **difícil**
Schwimmbad – **piscina**
schwimmen – **nadar**
schwindelig – **mareado**
See – **lago**
sehen – **ver**
sehr – **muy**
sehr gerne – **con mucho gusto**
sehr lange – **mucho tiempo**
Seife – **jabón, m**
sein – **ser; estar**
sein (besitzanzeigend) – **su**
seit – **desde; desde hace**
Seite – **lado**
selbe – **mismo**
selbstverständlich – **desde luego**
Sessel – **sillón, m**
setzen – **poner**
sich – **se**
sich ausruhen – **descansar**
sich befinden – **encontrarse**
sich befinden – **estar**
sich beschweren – **protestar**
sich entschließen – **decidirse**
sich erinnern – **acordarse**
sich freuen – **alegrarse**
sich irren – **equivocarse**
sich mögen – **quererse**
sich prügeln – **pelearse**
sich rasieren – **afeitarse**
sich setzen – **sentarse**
sich sorgen – **preocuparse**
sich unterhalten – **divertirse**
sich verabreden – **citarse**
sich waschen – **lavarse**
sich zurechtmachen – **arreglarse**

sicher – **seguro; cierto**
sie – **ella**
Sie – **usted**
singen – **cantar**
Situation – **situación, f**
Sitzplatz – **asiento**
so – **así**
Socken – **calcetines**
sofort – **en seguida; ahora mismo**
Sohn – **hijo**
Sommer – **verano**
sondern – **sino**
Sonne – **sol, m**
Sonnenschirm – **sombrilla**
Sonntag – **domingo**
so – **tan**
soviel – **tanto**
Spanien – **España**
spanisch – **español**
spazierengehen – **dar un paseo; caminar**
Spaziergang – **paseo**
spielen – **jugar;** (Instrument) **tocar**
Spinne – **araña**
Sport – **deporte, m**
sprechen – **hablar**
Stadt – **ciudad, f**
stark – **fuerte**
Stecker – **enchufe, m**
stehenbleiben – **pararse**
Stein – **piedra**
stellen – **poner**
Stelle – **puesto**
sterben – **morir**
Steuern – **impuestos**
Stewardess – **azafata**
Stierkampf – **corrida de toros**
Strafe – **pena**
Strand – **playa**
Straße – **calle, f**
Strauß – **ramo**
Streik – **huelga**
Stroh – **paja**
studieren – **estudiar**
Stück – **pieza**
Stuhl – **silla**
Stunde – **hora**
suchen – **buscar**
Süden – **sur, m**
süß – **dulce**
Suppe – **sopa**
sympathisch – **simpático**
System – **sistema, m**

T

Tag – **día, m**
täglich – **diario**
Tal – **valle, m**
Tankstelle – **estación de servicio, gasolinera**
Tante – **tía**
Tanz – **baile, m**
tanzen – **bailar**
Tasche – **bolso**
Taschenmesser – **navaja**
Taschentuch – **pañuelo**
Tasse – **taza**

Taube – **paloma**
taub – **sordo**
Teelöffel – **cucharilla**
Tee – **té, m**
Teil – **parte, f**
Telefon – **teléfono**
Teller – **plato**
Teppich – **alfombra**
teuer – **caro**
Theater – **teatro**
Tier – **animal, m**
Tintenfisch – **calamar, m**
Tisch – **mesa**
Tischtuch – **mantel, m**
Toast – **tostada**
Tochter – **hija**
töten – **matar**
Toilette – **servicios; lavabo**
toll – **estupendo**
Tomate – **tomate, m**
tragen – **llevar**
traurig – **triste**
treffen – **encontrarse**
trinkbar – **potable**
trinken – **beber**
Trinkgeld – **propina**
Trinkglas – **vaso**
trocken – **seco**
Tropfen – **gota**
tschüß – **adiós**
Tür – **puerta**
Tüte – **bolsa**
Turm – **torre, f**
typisch – **típico**

U

über – **sobre**
überhaupt – **en absoluto**
übermorgen – **pasado mañana**
überzeugt – **convencido**
übrigsein – **quedar**
Ufer – **orilla**
Uhr – **reloj, m**
umtauschen – **cambiar**
und – **y**
Unfall – **accidente, m**
ungefähr – **más o menos**
unmöglich – **imposible**
uns – **nos**
unser – **nuestro**
unter – **bajo; debajo de**
Unterschied – **diferenca**
unterschreiben – **firmar**

V

Vase – **florero**
Vater – **padre, m**
Verabredung – **cita**
verbessern – **mejorar**
verbieten – **prohibir**
verdienen – **ganar**
vergangen – **pasado**
vergeben – **perdonar**
vergessen – **olvidar**
verheiratet – **casado**
verkaufen – **vender**
Verkehr – **tráfico**

verlieren – **perder**
Verlobte – **novia**
Verlobter – **novio**
verrückt – **loco**
verschiedene – **varios**
Verspätung – **retraso**
versprechen – **prometer**
verstehen – **entender; comprender**
Vertrag – **contrato**
viel – **mucho**
vielen Dank – **muchas gracias**
vielleicht – **quizás**
viereckig – **cuadrado**
Viertel – **cuarto**
völlig – **totalmente**
Vogel – **pájaro**
Volk – **pueblo**
voll – **lleno; completo**
von – **de**
vor – (zeitl.) **antes de;** (örtl.) **delante de**
vorbereiten – **preparar**
vorher – **antes**
vorstellen – **presentar**
vorwärts – **adelante**
vorziehen – **preferir**

W

während – **durante**
Wagen – **coche, m**
Wahrheit – **verdad, f**
wahrscheinlich – **probable**
Wald – **bosque, m**
Wand – **pared, f**
wann – **cuándo**
warten – **esperar**
warum – **por qué**
was – **qué**
Waschbecken – **lavabo**
Wasser – **agua (el)**
Weg – **camino**
weggehen – **irse; marcharse**
wegnehmen – **quitar**
weh tun – **doler**
Weihnachten – **Navidad, f**
weil – **porque**
Wein – **vino**
weinen – **llorar**
Weintraube – **uva**
weiß – **blanco**
weit entfernt (von) – **lejos (de)**
weitermachen – **seguir**
welcher – **cuál**
Welt – **mundo**
wenig – **poco**
weniger – **menos**
wenn – **si**
wenn nicht – **si no**
werden – **ponerse**
werfen – **tirar**
Werkstatt – **taller, m**
wer – **quién**
Westen – **oeste, m**
wichtig – **importante**
wichtig sein – **importar**
wie – **como**
wiederholen – **repetir**
wieder tun – **volver a hacer**

wieviel – **cuánto**
wieviele – **cuántos**
Wind – **viento**
Winter – **invierno**
wir – **nosotros**
wissen – **saber**
wo – **dónde**
Woche – **semana**
wohin – **adónde**
Wohnung – **piso**
Wohnwagen – **rulota**
Wohnzimmer – **cuarto de estar; sala de estar**
Wolke – **nube, f**
Wolle – **lana**
wollen – **querer**
Wort – **palabra**
wünschen – **desear**

Z

zählen – **contar**
zärtlich – **cariñoso; tierno**
Zahl – **número**
Zahn – **diente, m**
Zahnarzt – **dentista, m**
Zeh – **dedo**
zeigen – **enseñar**
Zeit – **iempo**
Zeitschrift – **revista**
Zeitung – **periódico**
Zelt – **tienda de campana**
Zentrum – **centro**
zerstreut – **distraído**
Zettel – **ficha**
Zeuge – **testigo**
Ziel – **destino**
ziemlich – **bastante**
Zigarette – **cigarillo**
Zimmer – **cuarto; habitación, f**
Zimt – **canela**
Zitrone – **limón, m**
Zoll – **aduana**
zu – **a; hacia**
zu Abend essen – **cenar**
zu Fuß gehen – **andar**
zu Hause – **en casa**
Zucker – **azúcar, m**
zufrieden – **contento**
Zug – **tren, m**
zum Beispiel – **por ejemplo**
zurückkommen – **volver**
zusammen – **juntos**
zusammenstoßen – **chocar con**
zu (sehr/viel) – **demasiado**
Zweifel – **duda**
zwei Wochen – **quince días**
Zwiebel – **cebolla**
zwischen – **entre**

Wörterliste Spanisch-Deutsch

A

a – zu; nach
abrigo – Mantel
abrir – öffnen
aburrido – langweilig
acabar de – gerade getan haben
accidente, m – Unfall
aceite – Öl
acordarse – sich erinnern
adelante – vorwärts; herein
además – außerdem
adiós – tschüß
adónde – wohin
aduana – Zoll
aeropuerto – Flughafen
afectuoso – herzlich
afeitarse – sich rasieren
agradable – angenehm
agricultura – Landwirtschaft
agua (el) – Wasser
ahí – da
ahora – jetzt
ahora mismo – sofort
a la derecha – rechts
a la izquierda – links
aire, m – Luft
albornoz, m – Bademantel
alegrarse – sich freuen
alegría – Freude
alemán – deutsch
alfombra – Teppich
algo – etwas
alguien – jemand
algún – irgendein
al lado de – neben
alquilar – mieten
alto – hoch; laut
allí – dort
amable – liebenswürdig
amarillo – gelb
amigo – Freund
amiga – Freundin
ancho – breit
andar – zu Fuß gehen
andén, m – Bahnsteig
animal, m – Tier
anoche – gestern abend
antes – vorher
antes de – vor; bevor
antiguo – alt
año – Jahr
apagar – ausschalten
aparcamiento – Parkplatz
aparcar – parken
apellido – Familienname
apenas – kaum
aprender – lernen
apuntar – aufschreiben
aquel – jener
aquello – das da
aquí – hier
araña – Spinne
árbol, m – Baum

armario – Schrank
arreglar – aufräumen; reparieren
arreglarse – sich zurechtmachen
arriba – oben
arroz, m – Reis
asado – gebraten
ascensor, m – Aufzug
así – so
asiento – Sitzplatz
aspecto – Aussehen
a tiempo – rechtzeitig
auténtico – echt
autobús, m – Bus
autopista – Autobahn
avenida – Allee
a veces – manchmal
a ver – mal sehen
avión, m – Flugzeug
ayer – gestern
ayudar – helfen
azafata – Stewardess
azúcar, m – Zucker
azul – blau

B

bailar – tanzen
baile, m – Tanz
bajar – aussteigen
bajo – niedrig; unter
banco – Bank
bañarse – baden
baño – Badezimmer
bar, m – Imbißstube; Café
barato – billig
barco – Schiff
barra de labios – Lippenstift
bastante – ziemlich; genug
bastar – reichen
beber – trinken
beso – Kuß
bien – gut
billete, m – Fahrkarte; Eintrittskarte
blanco – weiß
bocadillo – belegtes Brot
boda – Hochzeit
bolígrafo – Kugelschreiber
bolsa – Tüte
bolso – Tasche
bonito – hübsch
borracho – betrunken
bosque, m – Wald
bote, m – Eimer
botella – Flasche
bueno – gut
buscar – suchen

C

caballero – Herr
cabeza – Kopf
cacharro – Geschirr
cada – jeder
caer – fallen
café, m – Kaffee
caja – Kiste
cajón – Schublade
calamar, m – Tintenfisch

calcetines – Socken
calefacción, f – Heizung
caliente – heiß
calor, m – Hitze
calle, f – Straße
cama – Bett
camarero – Kellner
cambiar – umtauschen
caminar – spazierengehen
camino – Weg
camisa – Hemd
campo – Feld
canela – Zimt
canción, f – Lied
cansado – müde
cantar – singen
capital, f – Hauptstadt
cara – Gesicht
carne, f – Fleisch
carnicería – Metzgerladen
carnet de conducir, m – Führerschein
caro – teuer
carrete, m – Rollfilm
carretera – Landstraße
carta – Brief
casa – Haus
casado – verheiratet
castillo – Burg; Schloß
cebolla – Zwiebel
cena – Abendbrot
cenar – zu Abend essen
cenicero – Aschenbecher
centro – Zentrum
cepillo – Bürste
cerca – nahe
cerrar – schließen
cerveza – Bier
cierto – sicher
cigarillo – Zigarette
cine, m – Kino
cinturón, m – Gürtel
cita – Verabredung
citarse – sich verabreden
ciudad, f – Stadt
claro – klar
clavo – Nagel
cocina – Küche
coche, m – Wagen; Auto
coger – nehmen
colegio – Schule
cola – Schwanz
color, m – Farbe
comer – essen
comestibles – Lebensmittel
comida – Mahlzeit
como – wie
cómodo – bequem
completo – voll
comprar – kaufen
comprender – verstehen
con – mit
con mucho gusto – sehr gerne
condición, f – Bedingung
conducir – fahren
conmigo – mit mir
conocer – kennen
conocido – bekannt
consigna – Gepäckaufbewahrung

consulado – Konsulat
contar – zählen; erzählen
contento – zufrieden
contestar – antworten
contigo – mit dir
contrato – Vertrag
convencido – überzeugt
coña – Scheiße
copa – Trinkglas; Drink
corazón, f – Herz
Correos, m – Post
corrida de toros – Stierkampf
corto – kurz
cosa – Sache
costa – Küste
costar – kosten
creer – glauben
crema – Sahne
cristal, m – Glas
cruel – grausam
cuadrado – viereckig
cuadro – Bild
cuál – welcher
cualquiera – irgendein
cuándo – wann
cuánto – wieviel
cuántos – wieviele
cuarto – Zimmer; Viertel
cuarto de estar – Wohnzimmer
cubierto – Besteck
cuchara – Löffel
cucharilla – Teelöffel
cuchillo – Messer
cuenta – Rechnung
cuidado – Achtung
culpa – Schuld
cumpleaños, m – Geburtstag
curso – Lehrgang

CH

chaqueta – Jacke
charlar – plaudern
cheque,m – Check
chica – Mädchen
chico – Junge
chocar con – zusammenstoßen
chocolate, m – Schokolade
chuleta – Kotlett

D

daño – Schaden
dar – geben
darse cuenta – bemerken
dar un paseo – spazierengehen
de – von
de acuerdo – einverstanden
debajo de – unter
deber – müssen
decidirse – sich entschließen
decir – sagen
dedo – Finger; Zeh
de esta manera – auf diese Weise
dejar – lassen
dejar de – aufhören
delante de – vor
demasiado – zu (sehr/viel)

de nada – keine Ursache
dentista, m – Zahnarzt
dentro – drinnen; innerhalb
de otra manera – anders
departamento – Abteil
deporte, m – Sport
de prisa – schnell
derecha – rechts
desayunar – frühstücken
desayuno – Frühstück
descansar – sich ausruhen
desde – seit
desde hace – seit
desde luego – selbstverständlich
desear – wünschen
desgraciadamente – leider
desilusionado – enttäuscht
despacho – Büro
despertarse – aufwachen
despacio – langsam
después – nachher
después de – nach; nachdem
destino – Ziel
detrás de – hinter
día, m – Tag
diario – täglich
dibujo – Bild
diciembre, m – Dezember
diente, m – Zahn
diferencia – Unterschied
difícil – schwierig
dinero – Geld
Dios – Gott
dirección, f – Richtung
disco – Platte
distinto – deutlich
distraído – zerstreut
divertirse – sich unterhalten
doble – doppelt
doler – weh tun; schmerzen
dolor, m – Schmerz
domingo – Sonntag
dónde – wo
dormir – schlafen
dormitorio – Schlafzimmer
ducha – Dusche
duda – Zweifel
dueño – Eigentümer
dulce – süß
durante – während
duro – hart

E

echar – werfen
edificio – Gebäude
él – er
ella – sie
empezar – anfangen
empleado – Angestellter
en – in
en absoluto – überhaupt
encantado – entzückt
en casa – zu Hause
encender – anschalten
encontrar – finden
encontrarse – treffen; sich befinden
enchufe, m – Stecker
enero – Januar

enfadarse – böse werden
enfermo – krank
en fin – endlich
enfrente – gegenüber
enfrente de – gegenüber von
ensalada – Salat
en seguida – sofort
enseñar – zeigen
entender – verstehen
entero – ganz
entonces – dann
en total – alles zusammen
entrada – Eingang; Eintritt
entrar – reingehen
entre – zwischen
entrevista – Interview
equivocarse – sich irren
escribir – schreiben
escuela – Schule
ese, m – der da
esa, f – die da
eso – das da
España – Spanien
español – spanisch
especial – besonders
especie, f – Art
esperar – warten
está bien – schon gut
estación, f – Bahnhof
estación de servicio – Tankstelle
estar – sein; sich befinden
este, m – dieser
esta, f – diese
esto – dies
estrecho – eng; schmal
estropeado – kaputt
estudiar – lernen, studieren
estupendo – toll
europeo – europäisch
examen, m – Prüfung
excelente – ausgezeichnet
excursión, f – Ausflug
éxito – Erfolg; Ausgang
experiencia – Erfahrung
explicar – erklären
exportar – ausführen
extranjero – ausländisch; fremd

F

fácil – leicht
falda – Rock
faltar – fehlen
famoso – berühmt
farmacia – Apotheke
faro – Scheinwerfer
favor – Gefallen
febrero – Februar
felicidades – Glückwunsch
felicitar – gratulieren
feliz – glücklich
feo – häßlich
ficha – Zettel
fiebre, f – Fieber
filete, m – Schnitzel
fino – fein; höflich
firmar – unterschreiben
flor, f – Blume
foto, f – Foto
fresa – Erdbeere

frigorífico – Kühlschrank
frío – kalt
frito – gebacken
fruta – Obst
fuego – Feuer
fuente, f – Quelle
fuera – außen
fuerte – stark
fumar – rauchen
funcionar – funktionieren
fútbol, m – Fußball

G

gafas – Brille
ganar – gewinnen; verdienen
ganas – Lust
garaje, m – Garage
gasolina – Benzin
gastar – ausgeben
gato – Katze
general – allgemein
gente, f – Leute
gobierno – Regierung
golpe, m – Schlag
gordo – dick; Hauptgewinn
gota – Tropfen
gracias – danke
gramo – Gramm
grande – groß
grasa – Fett
grave – schwer
gris – grau
gritar – schreien
grupo – Gruppe
guapo – hübsch
guardia (civil) – Polizist
guisante, m – Erbse
guitarra – Gitarre
gustar – gefallen; schmecken
gusto – Geschmack

H

haber – haben
habitación, f – Zimmer
habitante, m – Bewohner
hablar – sprechen
hacer – machen
hacía – zu (Richtung)
hambre, f (el) – Hunger
harina – Mehl
hasta – bis
hay – es gibt
hay que – man muß
helado – Eis
hermana – Schwester
hermano – Bruder
hija – Tochter
hijo – Sohn
hoja – Blatt
hola – hallo
hombre, m – Mensch
hora – Stunde
hospital, m – Krankenhaus
hoy – heute
huelga – Streik
huésped, m – Gast
huevo – Ei
húmedo – feucht

I

ida – Hinfahrt
iglesia – Kirche
igual – gleich
importante – wichtig
importar – wichtig sein; einführen; importieren
imposible – unmöglich
impresión, f – Eindruck
impuestos – Steuern
incluido – inbegriffen
inglés – englisch
intención, f – Absicht
invierno – Winter
invitar – einladen
ir – gehen
ir a ... – etwas tun werden
irse – weggehen
irse a la cama – schlafen gehen
isla – Insel
izquierda – links

J

jabón, m – Seife
jamón, m – Schinken
jaqueca – Migräne
jardín, m – Garten
jarrón, m – Vase
jefe, m – Chef
jersey, m – Pullover
joven – jung
judía – Bohne
jueves, m – Donnerstag
jugar – spielen
jugo – Saft
junto a – neben
juntos – zusammen

L

lado – Seite
lago – See
lámpara – Lampe
lana – Wolle
lápiz – Bleistift
largo – lang
lástima – schade
lata – Dose
lavabo – Waschbecken; Toilette
lavar(se) – (sich) waschen
leche, f – Milch
leer – lesen
lejos – weit entfernt
lejos de – weit entfernt von
lento – langsam
levantarse – aufstehen
libre – frei
libro – Buch
ligero – leicht
limón, m – Zitrone
limpiar – reinigen
limpio – sauber
litro – Liter
loco – verrückt
lo más importante – das Wichtigste
lo mismo – dasselbe

lo que – das was
luchar – kämpfen
lugar, m – dann
luz, f – Licht

LL

llamar – rufen
llamarse – heißen
llave, f – Schlüssel
llegar – (an)kommen
lleno – voll
llevar – tragen; mitbringen
llevarse – mitnehmen
llorar – weinen
llover – regnen

M

madera – Holz
madre, f – Mutter
mal – schlecht
maleta – Koffer
malo – krank
mandar – schicken
mano, f – Hand
manta – Decke
mantel, m – Tischtuch
mantequilla – Butter
manzana – Apfel
mañana – morgen
máquina – Maschine
mar, m – Meer
marcharse – weggehen
mareado – schwindelig
marido – Ehemann
marrón – braun
martes, m – Dienstag
más – mehr
más o menos – ungefähr
más que – mehr als
matar – töten
me – mich; mir
médico – Arzt
medio – halb
mejor – besser
mejorar – verbessern
melocotón, m – Pfirsich
menos – weniger
-mente – (Adverbendung)
menú, m – Menü
a menudo – oft
mercado – Markt
mermelada – Marmelade
mes, m – Monat
mesa – Tisch
meter – reinstecken
mi – mein
mí – mich; mir
miel, f – Honig
miércoles, m – Mittwoch
mío – mein
mirar – anschauen
mismo – selbe
mitad, f – Hälfte
molestar – belästigen
montaña – Berg
moreno – dunkelbraun
morir – sterben

moto, f – Motorrad
mozo – Kellner
muchas gracias – vielen Dank
mucho – viel
mucho tiempo – sehr lange
muebles – Möbel
mujer, f – Frau
mundo – Welt
muñeca – Puppe
museo – Museum
muy – sehr

N

nada – nichts
nadar – schwimmen
nadie – niemand
navaja – Taschenmesser
Navidad, f – Weihnachten
necesario – notwendig
necesitar – brauchen
negocio – Geschäft
negro – schwarz
nevar – schneien
nevera – Kühlschrank
nieve, f – Schnee
ninguno – keiner
niño – Kind, m
niña – Kind,f
no – nein; nicht
noche, f – Nacht
nombre, m – Name
norte, m – Norden
nos – uns
nosotros – wir
noticia – Nachricht
novia – Verlobte; Freundin
novio – Verlobter; Freund
nube, f – Wolke
nuestro – unser
nuevo – neu
número – Zahl
nunca – nie

O

obrero – Arbeiter
oeste, m – Westen
oficina – Büro
oir – hören
ojo – Auge
olvidar – vergessen
oportunidad, f – Gelegenheit
opinión, f – Meinung
oreja – Ohr
orilla – Ufer
os – euch
otoño – Herbst
otra vez – nochmal
otro – andere

P

padre, m – Vater
padres – Eltern
pagar – bezahlen
país, m – Land
paisaje – Landschaft
paja – Stroh

pájaro – Vogel
palabra – Wort
paloma – Taube
pan, m – Brot
panadería – Bäckerei
pantalón, m – Hose
pañuelo – Taschentuch
papel, m – Papier
paquete, m – Paket
para – für
parada – Haltestelle
para que – damit
parar – anhalten
pararse – stehenbleiben
parecer – scheinen
parecido – ähnlich
pared, f – Wand
parque, m – Park
parte, f – Teil
partido – Partei
pasado – vergangen
pasado mañana – übermorgen
pasaporte, m – Paß
pasar – weitergehen; passieren
Pascuas – Ostern
paseo – Spaziergang
pastel, m – Kuchen
patata – Kartoffel
patrón, m – Chef
pedazo – Stück
pedir – bitten
peine, m – Kamm
pelearse – sich prügeln
película – Film
peligroso – gefährlich
pelo – Haar
pelota – Ball
peluquería – Friseur (Laden)
pena – Strafe; Mühe
peor – schlechter
pequeño – klein
pera – Birne
perder – verlieren
perdón – Entschuldigung
perdonar – vergeben
perejil, m – Petersilie
periódico – Zeitung
permanente, m – Dauerwelle
permitir – erlauben
pero – aber
perro – Hund
pesado – schwer
pesado – langweilig
pescadería – Fischgeschäft
pescado – Fisch
peseta – Pesete
peso – Gewicht
picante – scharf
pie, m – Fuß
piedra – Stein
piel, f – Haut; Leder
pieza – Teil
pimienta – Pfeffer
pintar – malen
piña – Ananas
piscina – Schwimmbad
piso – Wohnung; Etage
plátano – Banane
plato – Teller
playa – Strand

plaza – Platz
pobre – arm
poco – wenig
poder – können
pollo – Hähnchen
poner – setzen; stellen; legen
ponerse – werden; anziehen
por – durch
por ciento – Prozent
por cierto – sicher
por ejemplo – zum Beispiel
por fin – endlich
por favor – bitte
por lo menos – mindestens
por qué – warum
porque – weil
posible – möglich
postre, m – Nachtisch
potable – trinkbar
precio – Preis
preferir – vorziehen
preguntar – fragen
preocuparse – sich sorgen
preparar – vorbereiten
presentar – vorstellen
primavera – Frühling
primero – erster
prisa – Eile
probable – wahrscheinlich
probar – probieren
probarse – anpassen
prohibir – verbieten
prometer – versprechen
pronto – bald
propina – Trinkgeld
protestar – sich beschweren
próximo – nächste
pueblo – Dorf; Volk
puente, m – Brücke
puerta – Tür
puerto – Hafen
pues – also; dann
puesto – Stelle

Q

que – daß
qué – was
quedar – übrigsein
quedarse – bleiben
querer – wollen; lieben
quererse – sich mögen
querido – lieb
queso – Käse
quién – wer
quiénes, pl – wer
quince días – zwei Wochen
quitar – wegnehmen
quitarse – ausziehen
quizás – vielleicht

R

radio, f – Radio
ramo – Strauß
rápido – schnell
razón – Grund; Vernunft
receta – Rezept
recibir – bekommen

recoger – abholen
recomendar – empfehlen
recuerdo – Andenken
redondo – rund
refresco – Erfrischung
regalo – Geschenk
región, f – Gegend
reir – lachen
reloj, m – Uhr
reparar – reparieren
repetir – wiederholen
restaurante, m – Restaurant
resulta que – es stellt sich heraus
retraso – Verspätung
revista – Zeitschrift
rey, m – König
rico – reich
río – Fluß
rodaja – Scheibe
rodilla – Knie
rojo – rot
romperse – brechen
ropa – Kleidung
roto – kaputt
rubio – blond
ruido – Lärm
rulota – Wohnwagen

S

sábana – Bettlaken
sábado – Samstag
saber – wissen
sacar – herausnehmen
sal, f – Salz
sala de estar – Wohnzimmer
salida – Ausgang
salir – rausgehen
salud, f – Gesundheit; Prost!
saludar – begrüßen
sangría – Sangria (Getränk)
sano – gesund
sartén, f – Bratpfanne
se – sich
seco – trocken
secreto – Geheimnis
sed, f – Durst
seguir – folgen
seguro – sicher
sello – Briefmarke
semáforo – Ampel
semana – Woche
sencillo – einfach
sentarse – sich setzen
sentir – bedauern
sentirse – fühlen
señas – Adresse
señor, m – Herr
señora – Dame
señorita – Fräulein
ser – sein
servicios – Toilette
si – wenn; ob
sí – ja
siempre – immer
siesta – Mittagsruhe; Mittagsschlaf
siguiente – folgend
silla – Stuhl
sillón, m – Sessel

simpático – sympathisch
sin – ohne
sindicato – Gewerkschaft
si no – wenn nicht
sino – sondern
sistema, m – System
sitio – Platz
situación, f – Situation
sobre – auf
sol, m – Sonne
sólo/solamente – nur
solución, f – Lösung
sombra – Schatten
sombrero – Hut
sombrilla – Sonnenschirm
sopa – Suppe
sordo – taub
su – sein, ihr
suyo – sein, ihr
subir – raufgehen; einsteigen
sucio – schmutzig
suelo – Boden
suerte, f – Glück
suficiente – genügend
sur, m – Süden

T

taberna – Kneipe
taller, m – Werkstatt
también – auch
tamaño – Größe
tampoco – auch nicht
tan – so
tanto – soviel
tardar – dauern
tarde, f – Nachmittag
tarjeta postal, f – Postkarte
taza – Tasse
té, m – Tee
te – dich
teatro – Theater
teléfono – Telefon
televisón, f – Fernsehen
temprano – früh
tenedor, m – Gabel
tener – haben
tener que – müssen
terminar – aufhören
testigo – Zeuge
ti – dir
tía – Tante
tío – Onkel
tiempo – Zeit
tienda – Laden
tienda de campana – Zelt
tierno – zärtlich
tinto – gefärbt
típico – typisch
tirar – schießen; werfen
toalla – Handtuch
tocadiscos, m – Plattenspieler
tocar – spielen (Instrument); berühren
todavía – noch
todo – jeder; ganz
todo el día – den ganzen Tag
todos – alle
tomar – nehmen
tomate, m – Tomate

toros – Stierkampf
torre, f – Turm
tostada – Toast
totalmente – völlig
trabajar – arbeiten
trabajo – Arbeit
traer – bringen
tráfico – Verkehr
traje, m – Anzug
tranquilo – ruhig
tratar de – handeln von
tren, m – Zug
triste – traurig
tu – dein
tú – du
tuyo – dein

U

último – letzter
único – einziger
unos – einige
usted – Sie
uva – Weintraube

V

vaca – Kuh
vacaciones – Ferien
vacío – leer
vale – einverstanden
valle, m – Tal
varios – verschiedene
vaso – Glas
vela – Kerze
vender – verkaufen
venir – kommen
ventana – Fenster
ver – sehen
verano – Sommer
verdad, f – Wahrheit
verde – grün
verdura – Gemüse
vestido – Kleid
vez, f – Mal
viajar – reisen
viaje, m – Reise
vida – Leben
viejo – alt
viento – Wind
viernes, m – Freitag
vino (tinto) – (Rot-)Wein
visitar – besuchen
vivir – leben
volver – zurückkommen
volver a hacer – wieder tun
vosotros – ihr
vuelta – Rückfahrt
vuestro – euer

Y & Z

y – und
ya – schon
ya no – nicht mehr
yo – ich
zapato – Schuh

Der Autor

O'Niel V. Som wurde 1966 in Essen geboren. Spanisch lernte er schon als Kind von seinen Eltern und auf unzähligen Urlaubsreisen. Im Abitur war Spanisch neben Mathe der zweite Leistungskurs. Als er dieses Buch schrieb, studierte er Medizin und gab nebenbei Sprachkurse.

"In fast allen herkömmlichen Lehrbüchern ist zuviel Grammatik enthalten, die man in der Umgangssprache nicht benötigt und die mündliche Konversation kommt viel zu kurz. Man lernt eine Sprache am besten im Lande und mit Freunden zusammen. Dieses Buch können Sie als Anleitung für die ersten Gespräche benutzen. Bei Fragen oder Kritik schreiben Sie mir bitte, damit eventuell die nächsten Auflagen verbessert werden können:
O'Niel V. Som, Postfach 103 203, 45032 Essen"